Manual de SOBREVIVÊNCIA para Gerentes de Projetos

Juliano Di Luca

Manual de SOBREVIVÊNCIA para Gerentes de Projetos

Copyright© 2016 por Brasport Livros e Multimídia Ltda.

Todos os direitos reservados. Nenhuma parte deste livro poderá ser reproduzida, sob qualquer meio, especialmente em fotocópia (xerox), sem a permissão, por escrito, da Editora.

Editor: Sergio Martins de Oliveira
Diretora: Rosa Maria Oliveira de Queiroz
Gerente de Produção Editorial: Marina dos Anjos Martins de Oliveira
Revisão: Maria Helena dos Anjos Martins de Oliveira
Copidesque: Camila Britto da Silva
Editoração Eletrônica: SBNigri Artes e Textos Ltda.
Capa: Use Design

Técnica e muita atenção foram empregadas na produção deste livro. Porém, erros de digitação e/ou impressão podem ocorrer. Qualquer dúvida, inclusive de conceito, solicitamos enviar mensagem para **editorial@brasport.com.br**, para que nossa equipe, juntamente com o autor, possa esclarecer. A Brasport e o(s) autor(es) não assumem qualquer responsabilidade por eventuais danos ou perdas a pessoas ou bens, originados do uso deste livro.

D536m   Di Luca, Juliano

        Manual de sobrevivência para gerentes de projetos / Juliano Di Luca – Rio de Janeiro: Brasport, 2016.

ISBN: 978-85-7452-782-6

1. Gerenciamento de projetos I. Título

CDD: 658.404

Ficha Catalográfica elaborada por bibliotecário – CRB7 6355

BRASPORT Livros e Multimídia Ltda.
Rua Pardal Mallet, 23 – Tijuca
20270-280 Rio de Janeiro-RJ
Tels. Fax: (21) 2568.1415/2568.1507
e-mails: **marketing@brasport.com.br**
           vendas@brasport.com.br
           editorial@brasport.com.br

site: **www.brasport.com.br**

Filial SP
Av. Paulista, 807 – conj. 915
01311-100 – São Paulo-SP

Aos meus pais, por todo seu apoio e amor incondicional.

Agradecimentos

À minha esposa Patricia, por todo seu apoio e compreensão pelos meus momentos de ausência dedicados a esta obra.

Ao meu amigo André Forbellone, pela maneira primorosa com a qual se dedicou à revisão técnica deste livro.

Prefácio

Juliano presenteia a comunidade de gerenciamento de projetos com uma obra de agradável leitura, linguagem simples, mas que audaciosamente cobre uma grande lacuna das outras obras do ramo: experiências do mundo real.

O que diferencia um gerente de projetos amador de um realmente competente? A resposta não poderia ser mais óbvia: experiências. Quanto mais diversas e abundantes melhor, mas especialmente aquelas ornamentadas com cicatrizes.

A teoria e as boas práticas são abundantemente cobertas por muitas outras obras; contudo, representam apenas o primeiro passo, de fundamental importância. Ainda assim, a trilha de todo gerente de projetos passa inevitavelmente pelas experiências que teve ao aplicar a teoria e as boas práticas.

Essa é a lacuna que esta obra visa cobrir, ao conversar franca e abertamente sobre experiências em projetos, não apenas do autor, mas de muitos outros colegas com quem conviveu. Assim, este livro não vai mudar sua vida, mas pode salvar sua pele ao mostrar o que funciona e o que não funciona nas situações mais comumente vivenciadas em projetos.

Se você já tem alguma (ou muita) experiência em gerenciamento de projetos, certamente vai se identificar com muitos dos casos narrados e poderá se beneficiar ao recordar e reforçar, ou compreender e organizar, ou ainda complementar as experiências vividas.

Se você tem pouca (ou nenhuma) experiência, este livro será como ouro líquido porque o ajudará a evitar as armadilhas e erros mais comuns da profissão, até mesmo mostrando que gerenciamento de projetos pode não ser para você, e dessa forma poupá-lo de muita frustação e sofrimento.

X Manual de Sobrevivência para Gerentes de Projetos

Ainda que para um melhor aproveitamento seja mais indicado o conhecimento prévio da teoria de gerenciamento de projetos, a linguagem da obra é tão acessível que permite a compreensão do leitor que não tenha esse conhecimento, podendo inclusive motivá-lo a aprender mais sobre a teoria.

Boa leitura!

André Luiz Villar Forbellone

Escritor e gerente de projetos há mais de 15 anos,
com ampla experiência em corporações e projetos multinacionais

Sobre Este Livro

Você conhece aqueles programas de televisão em que um especialista em sobrevivência é deixado em um lugar inóspito e isolado, onde ele permanecerá durante alguns dias ou semanas demonstrando o que precisa ser feito para sobreviver? O que me impressiona em situações como essas é como alguém com conhecimentos e técnicas relativamente simples consegue sobreviver em condições extremamente severas, enquanto outra pessoa sem o mesmo preparo dificilmente sairia com vida.

Mencionei esse tipo de programa porque o ambiente de um projeto pode, em vários momentos, se revelar tão inóspito quanto o dos casos de sobrevivência. A sua vida pode não estar em risco, mas o seu futuro profissional pode estar. Assim como nos casos de sobrevivência, acredito que gerentes de projetos que dominem conhecimentos essenciais em gestão de projetos conseguirão superar as situações mais adversas que antes pareciam impossíveis de serem superadas.

Longe de ser um manual clássico de gestão de projetos, com teorias e técnicas complexas e de difícil compreensão que muitas vezes se distanciam da realidade, este livro tem uma proposta extremamente pragmática e objetiva, propondo soluções práticas e de fácil implementação, baseadas em situações reais que os gerentes de projetos enfrentam todos os dias.

Tenho certeza de que, ao fim deste livro, você se sentirá mais preparado e confiante para enfrentar os projetos mais exigentes e desafiadores. Você perceberá que, através de ações simples e efetivas, os projetos podem se revelar uma fonte extraordinária de experiências incríveis. Dado o dinamismo intrínseco dos projetos, eles propiciam de maneira única o contato com inúmeros tipos de profissionais, culturas e conhecimentos, e, tenho certeza, irão contribuir não apenas para seu desenvolvimento profissional, como também pessoal.

Boa leitura.

Sobre o Autor

Juliano Di Luca é mestre em administração pela Pontifícia Universidade Católica de São Paulo (PUC-SP) e certificado Project Management Professional (PMP) pelo Project Management Institute (PMI). É professor de MBA nas áreas de administração estratégica e gerenciamento de projetos. Possui ampla experiência internacional na gestão de grandes projetos e programas em diversos setores de negócios, além de ser especialista com forte atuação na gestão de portfólio de projetos e PMO.

No momento atua na divisão francesa do grupo Volvo/Renault Trucks nas áreas de gestão de portfólio e escritório de projetos.

Sumário

1	**O que é um projeto?**	**1**
	1.1. Não é tão simples quanto parece	1
	1.2. O que um projeto precisa entregar?	6
	1.3. Você entrega valor através de uma solução	9
	1.4. Projetos devem ser precisos na entrega da solução	12
	1.5. Projetos podem ser o início de algo maior	18
2	**O que faz um gerente de projetos?**	**21**
	2.1. Pai, qual é o seu trabalho?	21
	2.2. As principais competências de um gerente de projetos	24
	2.3. Você precisa enxergar além e ser rápido e efetivo com os riscos ocultos	27
	2.4. Gerentes de projetos precisam liderar	28
	2.5. Gerentes de projetos são agentes de mudanças	34
3	**A arte de planejar**	**37**
	3.1. Não subestime a complexidade	37
	3.2. Equilibre flexibilidade e detalhamento	39
	3.3. Restrições sem criticidade não ajudam em nada	41
	3.4. Não perca o rumo	43
	3.5. Planejar não é apenas responsabilidade do gerente do projeto	44
	3.6. Não ceda à pressão	46
	3.7. Combine antes com o zagueiro	47

XVI Manual de Sobrevivência para Gerentes de Projetos

3.8. Você não está esquecendo alguma coisa? 49

3.9. Proteja o seu plano.. 51

3.10. E quando o portfólio de projetos não faz seu trabalho?....................... 54

4   A dura tarefa de fazer estimativas 57

4.1. Estimativas existem para serem cumpridas 57

4.2. Estimativas não são feitas para garantir contratos 60

4.3. Não dê estimativas precisas sobre algo que muda todo dia 62

4.4. Esclareça suas hipóteses e use a referência de outros projetos.............. 64

4.5. Ainda mais importante que o histórico são as pessoas........................ 67

4.6. As estimativas, o desconhecido e o otimismo 68

4.7. Apesar de não saber o que quero, você pode me dizer quanto custa? 70

5   Podemos reduzir seu orçamento e você ainda entregar no prazo e na
qualidade acordados? 75

5.1. Nunca brigue com um bêbado!... 75

5.2. Proteja suas estimativas.. 79

5.3. Redução dos custos pela redução do escopo 81

5.4. Redução dos custos pela redução da qualidade 83

5.5. Redução dos custos pelo aumento do risco 85

6   O cliente: esse ser incompreendido 88

6.1. Clientes são o que são e não vão mudar 88

6.2. Mas afinal quem é o cliente?... 90

6.3. Mantenha seu cliente próximo 92

6.4. Entenda seu cliente e garanta que ele está entendendo você 95

7   Governança: afinal, quem manda aqui?... 98

7.1. Governança em projetos é coisa séria 98

7.2. Governança e o processo decisório... 102

7.3. Use sua governança sabiamente 107

8   Os processos que me desculpem, mas uma boa equipe é fundamental 111

8.1. Processos são importantes, mas pessoas são fundamentais 111

8.2. Sem papéis e responsabilidades claras, sua equipe dificilmente
alcançará seu potencial máximo 112

Sumário XVII

8.3.	A difícil tarefa de formar sua equipe	114
8.4.	Antes só do que mal acompanhado	116
8.5.	A importância do *feedback*	118
8.6.	Justiça e respeito	121
8.7.	Pessoas são a chave para a qualidade	123

9   Como trabalhar com times globais de diferentes culturas? 126

9.1.	Não subestime o desafio cultural	126
9.2.	*Traduttore, traditore*	129
9.3.	O desafio geográfico	133
9.4.	Equipes globais e sua relação com os custos	135
9.5.	Brasileiros na gestão de projetos globais	136

10   A gestão dos *stakeholders* 141

10.1. Sem uma boa gestão de *stakeholders*, nenhum projeto consegue ser bem-sucedido	141
10.2. Identifique e envolva seus *stakeholders*	142
10.3. Nunca tente vencer pela força	145
10.4. Pessoas precisam de tempo para mudar	147

11   O desafio da comunicação 150

11.1. Comunicação é simplesmente fundamental	150
11.2. Esteja atento à forma e ao conteúdo da sua comunicação	152
11.3. Comunique visando a ação	155

1

O que é um projeto?

1.1. Não é tão simples quanto parece

Segundo o PMI, uma das entidades mais reconhecidas no campo do gerenciamento de projetos, um projeto é "um esforço temporário empreendido para criar um produto, serviço ou resultado exclusivo"[1]. Tudo bem, o conceito é bonito, mas o problema é que, na prática, as organizações chamam de projetos as iniciativas mais desestruturadas possíveis, mesmo que elas sejam esforços temporários para criar um resultado específico. Mesmo empresas com boa maturidade em gestão de projetos eventualmente criam projetos completamente desordenados sem qualquer respeito às boas práticas de gestão.

Veja esse exemplo. Certa vez uma colega de uma grande empresa multinacional me disse que teria uma reunião de acompanhamento do seu projeto. Perguntei se tudo corria bem e obtive como resposta: "bem, eu não tenho escopo, o orçamento não foi aprovado e ainda não sabemos quando conseguiremos entregar o projeto, mas, tirando isso, tudo vai bem". Outro colega de uma grande empresa do setor industrial me disse que estava em pânico, pois um grande projeto de milhões estava sendo gerido através de reuniões nas quais um estagiário anotava em uma planilha algumas ações que deveriam ser executadas. Nem preciso dizer como isso terminou, preciso?

Às vezes temos casos absurdos que chegam a ser engraçados (se não fossem trágicos): alguns projetos simplesmente desaparecem. É isso mesmo, simplesmente desaparecem. Certo dia, duas pessoas no café falam: "você se lembra do projeto X?" "Sim, lembro, por quê?" "Não sei... nunca mais ouvir falar." "Realmente, eu também não". Às vezes o caso é absurdo só que

---

[1] PROJECT MANAGEMENT INSTITUTE. Um guia do conhecimento em gerenciamento de projetos: *PMBOK Guide*. 5. ed.

2 Manual de Sobrevivência para Gerentes de Projetos

no sentido inverso: um projeto que deveria durar alguns meses continua por anos. Eu já presenciei inúmeros projetos e programas como esses, sendo que um deles durou mais de uma década. E, acredite, não era para lançar um foguete ao espaço – até porque é possível lançar um novo foguete ao espaço em menos tempo!

Citei esses casos apenas para mostrar que, apesar de serem conceitualmente projetos, muitos deles não passam de ações desorganizadas, e isso dificulta brutalmente o trabalho dos gerentes de projetos. Chamam-se projetos as iniciativas mais absurdas possíveis e, pior ainda, alocam um gerente de projetos e tentam fazer parecer que a coisa é séria. Você pode estar pensando: mas essas são exceções e não a regra. Bem, eu concordo em parte, já que infelizmente vemos muito mais exceções do que desejaríamos. Aqueles projetos perfeitos com um *sponsor*, requisitos, governança, método etc. existem muito mais nos livros do que na vida real.

Outro complicador é que um grande projeto problemático pode afetar não só a credibilidade da gestão de projetos em determinada organização, como pode igualmente afetar a imagem do gerente de projetos, podendo ter impactos na sua carreira e eventualmente na sua vida pessoal. Lembre-se da analogia da sobrevivência. Você precisa estar preparado para atuar nos ambientes mais inóspitos, onde um simples erro pode desencadear consequências desastrosas.

Mas não ache que as empresas fazem isso de propósito. Nenhum diretor acorda um dia e pensa assim: "acho que hoje vou criar um projeto completamente desestruturado e impossível de gerir para fazer da vida de um gerente de projetos um inferno". Bem, pelo menos eu espero que não, apesar de às vezes ter certa dúvida, eu confesso. Isso acontece pelos mais diversos motivos. O mais comum é a baixa maturidade da gestão de projetos – e não pense que estou falando apenas do método. Governança e um bom método são bases importantes para uma boa gestão de projetos, mas a maturidade de todos os envolvidos no assunto é ainda mais importante.

Para corroborar esse ponto vou citar uma situação recorrente. Mesmo as organizações maduras em gestão de projetos e que possuem bons gerentes de projetos, bom método e governança não conseguem conduzir um projeto de maneira adequada quando o cliente, mesmo que interno, não esteja no mesmo nível de maturidade. Mesmo nesse contexto você ainda pode ter problemas com escopo, custos, tempo e outros. Eu vivi uma experiência muito ruim exatamente assim. Apesar de ter uma estrutura profissional de projetos, muitas decisões dependiam do cliente, que, infelizmente, subestimava a complexidade do projeto. Resultado: vários problemas poderiam ter sido evitados, mas o cliente só se deu conta da gravidade depois que eles já tinham acontecido.

Mas se situações como essas são ruins, ainda piores são os casos de baixa maturidade. Se você está atuando em uma organização com baixa maturidade em gestão de projetos e não

O que é um projeto? 3

quer gerir essas iniciativas que alguns insistem em chamar projetos, não se preocupe, pois a solução é muito simples: mude de empresa! Desculpe a honestidade, mas você não tem muito o que fazer. Acredite, eu já tentei e já vi muitos tentarem. Salvo em contextos muito específicos onde você tenha um apoio incondicional da alta administração, o aumento da maturidade levará muitos anos para acontecer. Esse problema é particularmente agravado em países cuja cultura de gestão de projetos é pouco desenvolvida. A maturidade da organização tem grande impacto em como um projeto é estruturado e gerido, mas centenas de outros fatores serão igualmente impactantes. Infelizmente, não poderia tratar de todos eles aqui porque isso exigiria uma obra completa e dedicada apenas a isso... – e com vários volumes.

Para tornar as coisas ainda mais complicadas, esses fatores são extremamente mutáveis, o que quer dizer que dois projetos, na mesma empresa, no mesmo período, podem ter configurações completamente diferentes. Eu sei, não é simples, mas é a realidade. Dependendo do diretor responsável, a pressão por tempo ou custo, de uma exigência específica ou outro fator, um projeto pode ser completamente diferente de seu antecessor. Deixe-me dar um exemplo.

Certa vez fui alocado em um projeto que tinha uma forte restrição de tempo e que, se não fosse entregue no prazo, iria gerar enormes impactos financeiros. Eu já havia vivido situações similares e sabia que esse fator iria criar inúmeros problemas ao projeto, demandando uma forma completamente diferente de ação. O que basicamente falei na época é que, se seguíssemos o método de gestão vigente na sua totalidade, não conseguiríamos entregar o projeto no prazo correto. Por isso, sugeri ao meu comitê de gestão flexibilizar as políticas/procedimentos de maneira a focalizar na entrega e respectiva gestão (e não o inverso), a fim de atender àquela demanda crítica de prazo, com a consciência de que fazendo isso estaríamos elevando o nível de riscos do projeto. Apesar de receptivos aos meus argumentos, a decisão foi de não alterar o modo de gestão vigente. O problema é que, na prática, em contextos como esses, a coisa não funciona e temos uma situação extremamente problemática na gestão do projeto.

A iniciativa continuava a ser um projeto, mas, dadas as circunstâncias, ele havia tomado uma configuração completamente diferente e dessa forma exigia uma resposta na sua gestão. Métodos não são em geral adaptáveis a diversas realidades. Quando temos uma situação com forte restrição de prazo, o método não consegue dar uma resposta adequada e exige uma série de procedimentos que, se cumpridos, não nos permitem entregar o projeto no prazo estabelecido. Então, na prática, o gerente de projetos fica lutando com o método, procurando artifícios para conseguir contorná-lo, em vez de se dedicar à entrega. Esse é um exemplo de como um projeto pode tomar um caminho completamente diferente, a ponto de você eventualmente ter que abandonar o método, mesmo assumindo todos os riscos relacionados a essa decisão. É um caso extremo e indesejável, mas você precisa estar preparado para lidar com situações de crise, acelerando bastante a entrega mas garantindo ainda um mínimo de qualidade e governança. Não é simples, mas às vezes você não tem escolha.

4 Manual de Sobrevivência para Gerentes de Projetos

Outro exemplo dessas dificuldades é que a maioria dos métodos exige que o projeto em algum momento garanta que o escopo esteja estável e acordado com o cliente, e que todos os recursos necessários para sua execução estejam garantidos. Essas são exigências pertinentes e importantes para a boa realização do projeto, mas o que fazer quando não conseguimos garantir todos os recursos em determinado momento e ainda sim temos que continuar avançando? Bem, podemos buscar alternativas, mas nem sempre isso é possível. Nesses casos temos projetos completamente disformes que geram muito desgaste em todos os envolvidos.

O resumo dessa história é que a maturidade da organização e de seus métodos irá impactar diretamente o tipo de projeto que essa organização irá implementar. Se essa maturidade for muito baixa, poderemos ter projetos de milhões que serão menos estruturados que ações simples em organizações maduras. Mas se tecnicamente "qualquer esforço temporário empreendido para criar um produto, serviço ou resultado exclusivo", como diz o PMI, pode ser considerado um projeto, então, baseado no que acabamos de ver, a pergunta é se realmente nos interessa classificar minimamente uma ação para dizer se ela é um projeto ou não. Bem, eu diria que não, não é suficiente.

Deixe-me citar um projeto que acho que nos ajuda a jogar um pouco de luz nessa discussão. O projeto era na casa das dezenas de milhões e considerado estratégico pela empresa. Bem, antes de tudo, sim, ele era um esforço temporário para entregar um resultado exclusivo no tempo, então é claro que tecnicamente era um projeto, pelo menos segundo o PMI, mas vamos analisá-lo mais de perto. O projeto avançava com uma velocidade razoável, mas com inúmeros problemas de escopo, recursos, qualidade e prazo – mas, até aí, nenhuma novidade. O problema era que o gerente do projeto não conseguia tomar as ações necessárias para resolver esses problemas em função da sua baixa autonomia, aliada a uma fraca governança. Apesar disso, o gerente do projeto continuava reportando os problemas como graves e aguardando alguma ação da alta direção que não acontecia, ou, quando acontecia, não era na altura esperada ou era tardia. A situação se deteriorava constantemente, gerando um enorme estresse e criando um clima terrível. Ao final do projeto, a pressão para recuperar o tempo perdido era enorme, e as pessoas já não tinham disposição, energia ou mesmo vontade de continuar.

São situações como essas que me fazem questionar o que é um projeto. Será que podemos dizer que um projeto de verdade deve permitir que uma situação chegue a esse ponto? Não seria a razão básica da existência de um projeto o pressuposto de que uma entrega é feita de maneira mais eficiente porque utilizamos um método de gestão de projetos? Porque essa sim é uma reflexão interessante. Não necessariamente temos que utilizar a gestão de projetos para entregar um resultado, mas quando utilizamos é porque entendemos que o ganho de eficiência que obtemos através da gestão de projetos compensa seus custos. Quando não garantimos esses ganhos, os métodos perdem a razão de ser.

O que é um projeto? 5

O ponto que quero abordar é que pouco importa se algo único é criado através de um esforço temporário ou não. Para mim, um projeto é uma iniciativa que consegue fazer uma entrega única de maneira eficiente e organizada. Se não conseguirmos minimamente ver os benefícios da gestão de projetos em uma iniciativa de modo a garantir sua entrega no prazo, custo e qualidade acordados, então temos algo que normalmente é chamado de projeto quando não deveria. Não é porque definimos um objetivo e colocamos alguém como responsável que podemos chamar isso de projeto. Ninguém é obrigado a fazer uma entrega através de um projeto, mas, se essa for a escolha, então a coisa precisa ser feita com seriedade. Note que não estou dizendo de maneira avançada, experiente, madura ou nada do tipo, mas de maneira séria. Para isso alguns elementos mínimos e básicos de gestão de projetos precisam ser implementados e respeitados ou haverá consequências.

No curto prazo, esses pseudoprojetos que não conseguem ter um mínimo de organização e eficiência irão gerar atrasos, custos excessivos, problemas de qualidade, motivação, entre tantas outras questões. No médio e longo prazos, a situação será ainda pior; eles se tornarão uma bomba-relógio que irá minar qualquer expectativa de avançar nos níveis de maturidade de gestão. Por isso, a escolha de uma empresa em ingressar no mundo da gestão de projetos precisa ser consciente e amplamente respaldada pela alta administração.

Veja esse caso de uma das minhas colegas gerente de projetos que, em seu emprego anterior, trabalhou em uma grande multinacional francesa de varejo. O que ela conta é realmente de assustar, já que, como se costuma imaginar, empresa de grande porte normalmente tem um bom nível de gestão, incluindo a gestão de projetos. A situação descrita por ela era tão grave que ninguém acreditava mais nas estimativas dadas por qualquer projeto. O ambiente dentro dos projetos era sempre ruim e as pessoas fugiam deles a todo custo. Isso tudo gerava uma alta rotatividade entre os gerentes de projetos, que buscavam constantemente recolocação em empresas mais maduras em gestão de projetos, sem se importar se teriam algum aumento de salário ou não. Situações como essas são muito difíceis de serem revertidas. Quando o descrédito atinge níveis elevados, apenas ações muito sérias, organizadas e bem apoiadas pela alta administração vão conseguir reverter a situação ao longo do tempo.

Espero que você tenha entendido a mensagem. Na prática, iremos deparar com inúmeras iniciativas que em sua grande maioria serão chamadas de projetos, quando não deveriam. Mesmo que uma determinada ação seja "um esforço temporário empreendido para criar um produto, serviço ou resultado exclusivo", se esta ação não tiver um mínimo de organização e eficiência, então para mim ela não é um projeto. Chame-a como quiser, mas não deveria ser chamada de projeto.

Projetos profissionais (pois acredito que esse é o tipo que nos interessa) são ações temporárias, profissionais e eficientes para se fazer uma entrega. Sem organização e eficiência não podemos chamar uma iniciativa de projeto, apesar de na prática eles poderem ser quase qualquer coisa.

6 Manual de Sobrevivência para Gerentes de Projetos

1.2. O que um projeto precisa entregar?

Valor. Um projeto precisa entregar valor. Ninguém em sã consciência irá consumir recursos e tempo da empresa para entregar algo irrelevante. Enquanto você não entender o valor que o projeto precisa gerar, você não conseguirá estruturá-lo de forma eficiente. Mas, se por um lado alguns projetos têm um valor muito claro a ser entregue, em outros casos isso não será tão simples, e por vários motivos.

Algumas empresas possuem estruturas tão complexas e confusas que resultam em projetos igualmente complexos e confusos. Isso é tão evidente que, em alguns casos, se você fizer uma análise de *stakeholders* perguntando qual o valor que o projeto precisa entregar, não raro você irá deparar com respostas diferentes, às vezes até mesmo antagônicas. O gerente do projeto tem um papel muito importante para esclarecer isso, já que um projeto sem objetivo claro é um projeto cujas chances de fracassar são muito grandes.

Um executivo amigo meu certa vez me disse que os gerentes de projetos com quem trabalhava não conseguiam entender a área de negócios pela qual ele era responsável. Apesar de dedicados, não conseguiam entregar resultados satisfatórios. Esse fato não me gerou estranheza, já que eu mesmo havia presenciado inúmeras situações parecidas quando treinava outros gerentes de projetos.

Quando eu perguntava a esses gerentes de projetos o que o projeto deles precisava entregar, eu frequentemente recebia descrições detalhadas do escopo, mas dificilmente eles sabiam o valor que deveria ser gerado. Alguns respondiam, por exemplo, "renovação do maquinário produtivo" (escopo) quando deveriam dizer "redução dos custos de produção" (valor). Outros respondiam "padronização dos relatórios financeiros" (escopo) quando deveriam dizer "melhor qualidade e maior velocidade do processo decisório" (valor). Eu tentava explorar a questão, mas na maioria dos casos ficava evidente que eles não sabiam por que seus projetos tinham sido criados. O problema é que, sem saber realmente o porquê da existência de um projeto, dificilmente gerentes de projetos farão uma grande entrega.

Projetos não nascem do nada. Eles sempre se originam de uma necessidade ou desejo, mas muitos gerentes de projetos simplesmente não se interessam em saber a razão da existência do projeto e o valor que ele deveria entregar. Eu particularmente não consigo entender como alguém consegue trabalhar em algo sem realmente saber o contexto em que está inserido, mas a verdade é que muitos gerentes de projetos conseguem. Não se trata de curiosidade, mas de eficácia. Saber claramente a razão da existência de um projeto impacta diretamente no seu desempenho e permite uma sincronização muito melhor entre projeto e cliente.

Muitos gerentes de projetos reconhecem a importância disso, mas conseguir essas informações nem sempre é uma tarefa fácil. Se o problema está em o cliente não compartilhar essa

O que é um projeto? **7**

informação, então você deveria pressionar até o limite que achar adequado para consegui-la, principalmente explicando o quanto ela é importante para o projeto. Se ainda assim ele não estiver convencido, tente obter essas informações por vias informais. Agora, se depois de tudo isso ainda assim não conseguir descobrir a razão da existência do seu projeto, ou seja, qual o valor que ele deve adicionar ao negócio, bem, então boa sorte e siga em frente. Você poderá até ser bem-sucedido na sua entrega, mas com certeza esse projeto vai exigir muito mais de você e da sua equipe.

Eventualmente seu cliente não irá compartilhar com você essa informação simplesmente porque ele não sabe. Eu sei que é estranho dizer algo desse tipo, mas, dentro da dinâmica e da complexidade organizacional, eventualmente projetos surgem sem que seu real valor seja compreendido (às vezes porque ele não existe). Agora fica a curiosidade: como um projeto desse tipo saiu do mundo das ideias (pré-portfólio) e se tornou um projeto a ser entregue bem definido, mas sem valor. A melhor hipótese é que a camada de portfólio falhou em desafiar essa ideia e deixou que ela se tornasse um projeto – isso nos casos onde existem a camada de portfólio de projetos e os mecanismos de priorização de iniciativas, o que é raro. Na prática, isso ocorre pelos mais diversos motivos. A complexidade das organizações resulta em iniciativas sem grande reflexão, que nascem pequenas, sofrem mudanças e em algum ponto perdem a sua essência. Essa é uma discussão fecunda, mas pelo bem da objetividade vou me abster dela.

Se você ainda está em dúvida sobre a utilidade de entender a razão de existência do seu projeto e o contexto no qual ele está inserido, aqui vai mais um argumento. Imagine que, para um mesmo projeto, exista a possibilidade de ele ter sido criado por estar ligado diretamente a um objetivo estratégico da empresa, ou porque uma área de negócios tinha um orçamento não gasto que precisava ser consumido até o final do ano. Você acha que esses dois contextos não impactariam no projeto? Eu acho que sim.

A coisa é tão difícil que mesmo quando você consegue descobrir a razão do seu projeto existir, em alguns casos, irá preferir não ter sabido. No jogo político das empresas, os projetos podem ser peças importantes nas aspirações pessoais de poder de muitos executivos. Na cabeça de muitos deles, um projeto pode ser uma peça importante na sua busca por promoção ou visibilidade na organização, principalmente quando eles têm o poder de escolher o que os projetos precisam entregar e aprová-los. Essas situações serão particularmente mais fortes em organizações com uma fraca governança no portfólio de projetos, onde os executivos têm, por consequência, a responsabilidade de aprovar projetos sem muito critério.

O problema é que, quando chamarem você para gerir um projeto como esses, você será provavelmente o último a saber, mas essa não é a questão. A questão é que todos sabem o que está acontecendo – e, sendo assim, não espere ter a ajuda de que precisa, salvo a do diretor que tem todo o interesse no projeto. Lembre-se de que projetos são parasitas de recursos da or-

8 Manual de Sobrevivência para Gerentes de Projetos

ganização. Portanto, se seu projeto não tem muita legitimidade, então ele vai sofrer, uma vez que você não terá os recursos necessários. Situações como essa nunca são boas e podem ser particularmente melhores ou piores dependendo do contexto, mas, de maneira geral, nunca é algo positivo.

Eu mesmo já presenciei gerentes de projetos em situações como essas, onde o projeto em questão era completamente político, o que tornava o seu dia a dia muito difícil. Eu cheguei a ver o que me parecia inimaginável em uma grande empresa, que apelidei de projeto clandestino. Pode parecer engraçado, e acho que até é, visto que a gerente de projetos riu quando eu disse que ela fazia parte de uma rede criminosa que criava e gerenciava projetos clandestinos. Ele não estava registrado no catálogo de projetos, mas tinha uma estrutura formada e um escopo. Como disse, só acreditei porque eu vi. Voltando à motivação original deste livro, fica muito difícil sobreviver em cenários como esses. Conversei com minha colega e dei algumas ideias para forçar o projeto a entrar oficialmente no portfólio de projetos da empresa ou para encerrá-lo. Felizmente (para ela), três meses depois ela conseguiu sair do projeto, e o problema foi passado para outro pobre e desavisado gerente de projetos.

Projetos são instrumentos de entrega de valor e assim deveriam se manter. Entretanto, na prática eles podem ser instrumentos para entregar qualquer coisa, e infelizmente coisas que não estão alinhadas aos objetivos da organização em questão. Nesses casos é inevitável que o projeto irá sofrer – e junto com ele o gerente de projetos e sua equipe. Dessa forma, no seu próximo projeto, certifique-se de que ele esteja em linha com os objetivos do negócio, uma vez que só assim você terá todo o apoio necessário de que irá precisar. Fuja das armadilhas dos projetos políticos ou que existem por razões outras que não a entrega de valor.

Para finalizar, eu queria falar rapidamente da comunicação com relação a esse assunto. A clareza na visão do projeto e seus objetivos são fundamentais para a comunicação do projeto aos seus *stakeholders*. É fundamental para a equipe do projeto entender o valor que o projeto precisa criar, o que eles precisam entregar e orientar as suas ações. Se você não conseguir explicar seu projeto em vinte segundos, é porque você não entendeu o seu valor. Tão importante quanto definir o que o projeto precisa entregar é comunicar claramente isso.

Além da sua equipe, os membros do seu comitê, as equipes dos seus clientes, seus fornecedores, enfim, todos serão beneficiados e poderão desempenhar melhor seu papel se entenderem o valor que o seu projeto precisa entregar. É realmente difícil contribuir para algo quando não entendemos direito o todo. Projetos são únicos em algum sentido, e desse modo carregam sempre uma pitada de inovação que pode ser extremamente perigosa. Uma das maneiras mais eficientes de reduzir esse risco é se comunicar de maneira eficaz. Se não existir clareza no que seu projeto precisa entregar, concluí-lo se tornará muito mais difícil. Não menospreze esse ponto. Utilize todos os seus recursos e comunique-se de forma simples e objetiva com todos os *stakeholders*.

1.3. Você entrega valor através de uma solução

Antes de tudo, deixe-me esclarecer uma coisa. Sim, é o projeto que gera valor, mas ele o faz indiretamente, através da entrega de uma solução. Claro que um projeto bem gerido propicia um bom serviço ao cliente, mas isso de nada adianta se o resultado for uma entrega que não irá gerar o valor que o cliente espera – a razão pela qual o projeto foi concebido.

Pense nessas duas situações com relação à construção de uma casa. Na primeira, você tem um bom projeto (concepção e execução) onde tudo ocorre no prazo, o construtor não gera problemas, a comunicação com ele é simples e efetiva, mas, ao final da obra, você fica descontente com várias coisas que começa a perceber após habitá-la. Na segunda, você tem um mau projeto onde seu construtor tem atrasos constantes, nunca é encontrado facilmente, você nunca consegue saber detalhes do que acontece, entre outros pormenores, mas, ao final da obra, você fica extremamente contente com a casa e percebe que, apesar das falhas na gestão do projeto, o produto final é fantástico. Agora a pergunta que fica é: você preferiria ter um projeto profissional e eficiente que ao final entrega um produto mediano ou preferiria conviver por um ano com um projeto mediano (para não dizer ruim), mas que ao seu término resulta em uma excelente casa, na qual você espera morar pelos próximos vinte anos?

Eu sei que você deve estar pensando que o esperado seria justamente o contrário: bons projetos deveriam normalmente gerar os melhores produtos, e eu concordo. O exemplo que citei foi apenas para tentar distanciar um pouco a gestão do projeto da qualidade da solução. No final do dia, é a solução que irá carregar a maior parte do valor que o cliente espera receber. Essa "quantidade de valor" é muito relativa, e é o cliente quem a determina. Alguns clientes não se importarão muito com a qualidade do projeto se a solução for o que eles esperam. Outros darão muita importância aos meios, e dessa forma a gestão do projeto será tão ou mais importante que a solução entregue ao seu término. Mas nunca se esqueça de que projetos são temporários, enquanto as entregas do projeto podem durar várias décadas ou mesmo séculos.

Uma vez que se tenha uma boa compreensão dos objetivos do projeto, o gerente de projetos passa a ter um papel fundamental na tradução desses objetivos em uma proposta de solução. A qualidade dessa solução irá determinar boa parte do sucesso do projeto, e por isso ela precisa ser muito bem concebida. Para tanto, as pessoas envolvidas em sua concepção também deveriam ser muito bem selecionadas. Quanto maior a *expertise* das pessoas implicadas na construção da solução, maiores as chances de o projeto ser bem-sucedido.

Porém, em uma situação normal, você dificilmente poderá escolher seus projetos, e não raro será alocado em áreas que não são necessariamente aquelas em que você se sente mais à vontade para atuar, o que tem o lado interessante de adquirir experiência, mas também os

10 Manual de Sobrevivência para Gerentes de Projetos

riscos de entrar no desconhecido. Quanto a isso, não se preocupe muito. Eu disse que você precisa conhecer a área onde você irá atuar, mas não disse que precisa ser um especialista nela.

A natureza do trabalho do gerente de projetos é realizar a entrega da solução através de uma ação bem estruturada. Nessa ação estruturada que chamamos projeto, existirão aspectos mais gerenciais quanto à organização do projeto e outros mais técnicos e focados na construção da entrega que será feita, o que normalmente chamamos de solução. Se para a parte gerencial o gerente de projetos é o grande protagonista, para a construção da solução ele precisará de uma pessoa de referência. Se em um projeto você conseguiu um recurso-chave para liderar a solução, então metade dos seus problemas está resolvida. É essa pessoa que você deve envolver para conseguir traduzir a necessidade do seu cliente em uma solução. Ele deveria ser o grande responsável pela concepção da solução e seu desenvolvimento, e por isso normalmente terá um perfil fortemente técnico.

Ao longo da minha carreira liderei projetos onde conhecia com bastante profundidade o assunto e outros que conhecia muito pouco. Independentemente do meu conhecimento, sempre busquei, desde o início do projeto, alguém em que eu poderia me apoiar para desenhar a solução, e tenho certeza de que essas pessoas foram fundamentais para o sucesso desses projetos. Você não pode se meter na construção de uma casa sem um engenheiro, assim como não pode liderar um desenvolvimento de software sem um arquiteto de sistemas. Se o fizer, mais cedo ou mais tarde você pagará um alto preço, pois seu cliente não irá receber o valor que espera.

Alguns anos atrás liderei um grande projeto na área financeira. O projeto era muito grande e complexo e, para conseguir entregar o valor que o cliente esperava, busquei me cercar de excelentes recursos técnicos. Eu participava da maioria das reuniões e, apesar de não entender todas as questões técnicas que eram discutidas, entendia o suficiente para conseguir ligar as ações do projeto aos seus objetivos. Quando algo não estava claro, eu contava com a ajuda de um contador experiente da minha equipe, que me ajudava a entender a solução e assim ligá-la à estruturação do projeto. Enquanto eu me concentrava na organização e na garantia de que estávamos remando para o lado certo, meus colegas de finanças faziam um grande trabalho produzindo as entregas do projeto. Atuando dessa forma tivemos um projeto que avançou de maneira eficiente, em grande parte graças à competência dos meus amigos contadores.

Eventualmente você irá gerenciar projetos em áreas onde você já foi um especialista algum dia – e essa é uma situação excelente, mas que também tem seus riscos. Digo excelente porque acho que gerentes de projetos têm um ótimo desempenho quando atuam em áreas onde dominam com maior profundidade as questões técnicas. Sua experiência prévia lhe propicia um avanço consistente, evitando uma série de problemas já conhecidos. O risco que o gerente de projetos corre nesses contextos é o de se envolver demais na solução, interferindo no trabalho da sua equipe. Se você estiver em um contexto como esse, o que aconselho é separar claramente as funções e se dedicar à gestão do projeto, deixando a solução para sua equipe técnica. Talvez você possa dar sugestões e contribuir de alguma forma para a solução, mas cuidado para não gerar problemas de responsabilidades e impactar negativamente sua equipe.

Se o gerente de projetos não deve interferir diretamente na definição técnica da solução, ele deve influenciá-la com o intuito de torná-la viável. Cansei de participar de reuniões iniciais com clientes que pediam o mundo e que, quando mostrávamos as primeiras estimativas de custos, entravam em desespero, visto que não tinham sequer 30% do orçamento necessário. Eu não me refiro apenas à questão da viabilidade financeira, mas também ao tempo necessário para a realização do projeto.

Às vezes o cliente tem o dinheiro para financiar uma ideia, mas não tem o tempo necessário para implementá-la, e o gerente de projetos precisa estar envolvido para achar esse equilíbrio entre o desejado e o possível. Aqui cabem as negociações clássicas de redução de funcionalidades, adição de recursos ou mesmo a quebra do escopo em fases. Enfim, o importante é encontrar rapidamente um equilíbrio entre o desejado e o possível, e os gerentes de projetos são fundamentais nesse processo. O que não se pode é, por causa das restrições do projeto, comprometer o valor que o cliente espera receber.

Em todo esse processo existe um elo-chave entre os desejos do cliente e a construção da solução a partir dos requisitos. Enquanto desejos contêm poucos detalhes, no caminho para se construir uma solução é preciso traduzi-los em requisitos precisos que, esses sim, servem de base para a definição da solução. Uma vez definidos os requisitos, volte ao valor que o projeto precisa criar e verifique se determinado requisito do projeto contribui para a geração daquele valor ou não. Caso a resposta seja negativa, então em tese ele não deveria ser contemplado. Isso é importante para não construirmos algo que não gere valor, o que seria lamentável, mas também para proteger o nosso escopo, que é uma das grandes responsabilidades de um gerente de projetos (acredite, ele será atacado constantemente). Para ser bem específico, quando digo confrontar os requisitos com o valor do projeto estou falando de uma tabela onde na coluna da esquerda você tem os requisitos e na coluna da direita, uma avaliação qualitativa ou quantitativa em percentual, que mostra o nível de contribuição de determinado requisito na geração do valor esperado. Faça uma reunião consagrada apenas a essa avaliação para mostrar que essa atividade é importante. Todos os requisitos que forem contemplados no projeto precisam entregar valor em maior ou menor grau. Esse valor vai ajudá-lo a definir a importância do requisito, bem como se o planejamento que irá resultar na sua entrega está adequado ou não.

Não esqueça também que valor é algo relativo e não absoluto. Nesse caso, estará fortemente ligado aos objetivos do projeto, mas igualmente ligado aos anseios dos *stakeholders* envolvidos. É importante manter isso em mente, já que, sempre que estivermos discutindo requisitos,

12 Manual de Sobrevivência para Gerentes de Projetos

não poderemos esquecer que eles se iniciaram através de solicitações dos *stakeholders*. Dessa forma, você não pode simplesmente priorizar ou "despriorizar" qualquer requisito sem que o respectivo *stakeholder* ou grupo de *stakeholders* sejam devidamente envolvidos.

Eventualmente, determinado requisito pode nem ser considerado tão importante pelo *stakeholder* que o solicitou, mas se você o excluir sem seu consentimento, poderá ter problemas. Então dedique algum tempo para conversar e explicar para determinado *stakeholder* quando seu requisito não puder ser contemplado no projeto. Se você vê que ele não está confortável, então encontre uma solução para compensar a exclusão com outra alternativa e tente avançar quando sentir que ele aceitou a situação. Eventualmente, você não conseguirá e terá que avançar de qualquer modo, mas essa não é a melhor maneira de progredir.

E muito, mas muito cuidado com os oportunistas de plantão, que poderão tentar adicionar elementos ao seu escopo, já que eles sempre veem uma oportunidade de atender a outras necessidades através do seu projeto. Não estou falando que eles o fazem para benefício próprio, já que suas demandas podem até ser legítimas, mas se elas não estão alinhadas com o valor a ser criado, então deveriam ser consideradas em outro projeto ou em alguma ação da área. Já vi projetos que eram um apanhado de necessidades sem nenhuma relação entre elas, mas que foram organizadas na forma de um projeto, pois, caso contrário, não seriam implementadas. Tome cuidado com isso e, quando perceber algo do gênero, use suas habilidades políticas para contatar as pessoas certas e fazer os alertas necessários. Se no final entender que existem forças maiores por trás e que seu comitê está confortável com isso, então siga a vida e entregue o que tem que entregar. Apesar de nossos esforços constantes para proteger o escopo do projeto, não podemos nunca perder de vista que precisamos respeitar a governança do projeto e aceitar as suas decisões. Porém, como digo e repito, sempre documente sua posição e a decisão tomada. Esse documento poderá ser muito útil para sua sobrevivência.

1.4. Projetos devem ser precisos na entrega da solução

Acho impressionante como alguns clientes têm uma ideia, a codificam através do seu idioma (que nem sempre é o idioma do seu interlocutor), passam a ideia através de uma mensagem que pode sofrer ruído, mas acreditam que o receptor precisa decodificá-la e formar a mesma imagem na sua cabeça que eles tinham originalmente. É claro, é óbvio, é notório, é inquestionável que isso não acontece. Se a demanda da parte do cliente não é clara, obviamente a entrega do projeto não será o esperado, o que é algo muito grave. Eu mesmo cansei de ver projetos onde a definição do escopo não passava de três linhas, então nesses casos a formalização não ajudou muito. Nunca ache que algo não precisa ser detalhado porque está subentendido. Esse é o caminho para a catástrofe.

O que é um projeto? 13

Certa vez estava discutindo esse assunto com meus alunos de MBA e acabei propondo uma atividade rápida que no fim deu tão certo que acabei incorporando nos meus cursos seguintes. A atividade consistia em um aluno definir através de palavras, quantas ele desejasse, o escopo de uma cadeira que incluísse uma descrição detalhada. Isso mesmo, uma simples cadeira. Cada grupo era composto por pelo menos uma pessoa que dominava mais ou menos a capacidade de desenhar, e os alunos podiam fazer as perguntas que quisessem por dez minutos. Ao final do exercício, nenhum dos grupos havia conseguido reproduzir a imagem que o aluno principal havia pensado e muito menos o escopo, ou especificações, ou chame como quiser. E não foi por falta de capacidade de desenho, já que era evidente que eles não tinham entendido exatamente o que deveria ser construído.

Entretanto, teve um grupo que fez um desenho que se aproximou um pouco das expectativas do aluno cliente. Foi quando eu comecei a fazer perguntas realmente chatas. Perguntei qual era o peso que a cadeira deveria suportar. Qual era a tonalidade exata do tecido. Qual era a durabilidade esperada para a cadeira. Se a cadeira poderia ser lavada. Perguntei se existia alguma maneira especial na qual a cadeira deveria ser transportada. O que o manual da cadeira dizia sobre como ela deveria ser conservada. Perguntei do que a cadeira era feita. Perguntei se ela estava de acordo com as normas de ergonomia. É claro, eles não tinham resposta para a maioria das perguntas, mesmo que as respostas a todas elas devessem fazer parte do escopo. E veja que toda a discussão se resumia ao escopo de uma simples cadeira.

Outro exemplo de problema clássico de clareza de escopo acontecia nos projetos de desenvolvimento de software na década de 90 (e talvez até hoje). Na época não era tão comum o uso de softwares de prateleira e muitos optavam por desenvolvimentos próprios para se beneficiar de uma melhor personalização. Bem, o software desenvolvido, implantado, e dias depois o cliente ligava para o desenvolvedor.

Cliente: olá, eu não consigo acessar a ajuda do sistema. Já tentei o F1 e nada. Como faço para acessá-la?

Desenvolvedor: mas você não pediu que o sistema tivesse essa funcionalidade.

Cliente: mas eu pensei que fosse óbvio.

Desenvolvedor: não, não é óbvio, de maneira alguma. Você deveria ter solicitado no momento da contratação.

Cliente: não solicitei porque achei que fosse óbvio.

Desenvolvedor: não pode ser óbvio, já que essa é uma atividade que consome muito tempo e precisa ser solicitada formalmente, visto que existe impacto no orçamento do projeto...

14 Manual de Sobrevivência para Gerentes de Projetos

Vou parar por aqui, pois essa conversa sempre é longa e termina mal. Eu poderia facilmente citar mais uma dezena de casos como esses, mas acho que você entendeu o ponto. A verdadeira compreensão de escopo pode ser muito mais complexa do que imaginamos, e então eu recomendo fortemente que você não a subestime e não considere nada óbvio. Seja absolutamente preciso ou prepare-se para arcar com as consequências da sua falta de clareza.

Uma vez que os objetivos do projeto estão claros, o valor que ele precisa criar está entendido e a solução foi definida, é preciso descer um nível e trabalhar formalmente e detalhadamente o escopo, caso contrário corremos o risco de criar diferentes interpretações do que precisa ser entregue, gerando ambiguidade e confusão. Para conseguir ter um escopo mais preciso, não se preocupe em pecar por excesso. Nunca ouvi nenhum comentário dizendo que o projeto falhou porque o escopo estava muito detalhado. Utilize todos os recursos que estiver ao seu alcance para documentar o escopo e para traduzi-lo ao seu grupo da melhor forma possível. O que torna projetos tão críticos é que um simples detalhe pode inviabilizar uma solução ou produto, ou fazê-lo custar muito mais caro que o previsto.

Enquanto gerentes de projetos, nós não podemos planejar as atividades do projeto enquanto não soubermos claramente o que precisa ser entregue. Entre o que o cliente diz em uma reunião e o que realmente entendemos, existe uma lacuna enorme que só pode ser estreitada através de uma documentação formal e detalhada. Toda vez que existir uma brecha na definição do escopo nós abriremos automaticamente espaço para interpretações, e isso nunca é bom.

Um bom exemplo de um documento que detalha bem o escopo é o que as construtoras chamam de memorial descritivo. Veja a seguir uma fração de um documento desse tipo de uma residência:

- As instalações hidráulicas, sanitárias e de gás serão executadas conforme projeto confeccionado por profissional habilitado com base no projeto arquitetônico.
- Os apartamentos serão providos de hidrômetro individual.
- As tubulações de água fria serão de PVC das marcas Tigre, Amanco, Akros ou similar.
- As tubulações de água quente serão de CPVC, PPR (polipropileno) ou cobre das marcas Tigre, Amanco, Akros ou similar.
- As tubulações de esgoto serão de PVC rígido das marcas Tigre, Amanco, Akros ou similar.
- Banheiros e cozinhas dos apartamentos serão providos de tubulação de água quente.
- A área de serviço será provida de tubulação de água fria para tanque e máquina de lavar roupa.

O que é um projeto? 15

- A área de serviço será provida de tubulação de água fria e água quente para futura instalação de aquecedor de passagem. A aquisição do aquecedor de passagem a gás é de responsabilidade do comprador do imóvel.

- As cozinhas serão providas de tubulação para pia.

- As sacadas com churrasqueiras serão providas de tubulação de água fria e esgoto para a pia. A instalação e aquisição da pia e do fogão são de responsabilidade do comprador do imóvel.

- Os banheiros serão entregues apenas com vasos sanitários do tipo caixa acoplada 3/6 litros, das marcas Celite, Incepa ou similar.

- Não serão fornecidas as cubas dos lavatórios dos banheiros e lavabos, pias de cozinha e pia da sacada com churrasqueira, tampos para vasos sanitários e chuveiros.

- Não serão colocados boxes nos banheiros.

- As bases para metais serão da marca Docol ou similar.

- Os acabamentos para registros e válvulas, misturadores (simples), serão de responsabilidade do proprietário.

- Os apartamentos duplex de cobertura serão entregues com o ofurô como ilustrado no projeto arquitetônico.

Apesar de ainda deixar espaço para interpretações e subjetivismos, esse trecho mostra a importância de detalhar a entrega e evitar questionamentos ou mesmo discordância por parte do cliente. Sobre isso existe um fator comportamental importantíssimo que é a diferença entre clientes, já que existem clientes e clientes, e o nível de exigência pode ser muito diferente.

Dependendo do escopo e do cliente, o nível de detalhes tem que ser realmente extremo. Ainda com base nesse exemplo, o termo "profissional habilitado", por exemplo, é muito perigoso, já que, afinal de contas, o que é um "profissional habilitado"? Em outro exemplo, no item "as tubulações de esgoto serão de PVC rígido das marcas Tigre, Amanco, Akros ou similar", apesar de bem descrito, eu particularmente não aceito um termo muito subjetivo do tipo "similar", por abrir margem ao uso de qualquer produto. O que é similar para a construtora pode não ser similar para alguns clientes. Como cliente exigente, eu mudaria "ou similar" por "ou outra marca previamente aprovada pelo cliente". Já vi declarações de escopo que utilizavam até mesmo o termo "etc.".

Agora dê uma olhada na frase "as paredes dos apartamentos, circulação comum e elevador serão executadas com tijolo cerâmico". Simples, objetivo e claro, mas alguém mais exigente poderia questionar a qualidade do tijolo – e, acredite, pode haver uma grande diferença de qualidade. O próprio tipo do tijolo não foi especificado; o descritivo não disse se seria um tijolo de quatro ou seis furos (apesar de a espessura da parede do projeto arquitetônico dar um indicativo), nem descreveu se seriam assentados de pé ou deitados, o que resulta uma boa

16 Manual de Sobrevivência para Gerentes de Projetos

diferença em termos de isolamento térmico e acústico. Não se falou também da espessura nem da qualidade do reboco a ser utilizado, o que também pode ser um incômodo no momento de pendurar um quadro, quando a broca, em vez de penetrar o cimento, penetra em um monte de areia.

Tudo bem, eu sei que estou sendo muito chato e o exemplo do tijolo é exagerado, mas, acredite, existem pessoas assim, e a única forma de se proteger é sendo detalhista na descrição do escopo, para evitar ao máximo as interpretações e mal-entendidos. Vai dar trabalho, você precisará de grande apoio da sua equipe, mas a boa notícia é que, além de evitar problemas no futuro, você pode construir esse documento de forma inteligente, de modo que você possa reaproveitá-lo e aperfeiçoá-lo ao longo do tempo. Um glossário, por exemplo, é algo muito inteligente que você pode reutilizar facilmente. Uma dica muito útil é, antes de apresentar o escopo finalizado ao seu cliente, pedir a um colega que domine o assunto em questão para revisar o documento com olhos de um advogado cuja carreira depende de achar uma brecha no contrato. Outra dica muito interessante também é, dependendo do escopo em questão, o uso de fotos ou desenhos técnicos, que pode reduzir muito o espaço para interpretações e assim evitar problemas futuros.

Talvez o resultado desse trabalho seja um documento mais detalhado e maior do que você havia previsto no início, mas isso é importante. Eu já vi muitos projetos terem problemas de todos os tipos em decorrência de um escopo mal detalhado, mas nunca vi o mesmo acontecer para aqueles que documentaram bem o trabalho a ser realizado. Um escopo bem escrito já me livrou de muitos apuros quando, no meio do projeto, o cliente discordava sobre um ponto que ele mesmo tinha aprovado, e só um documento escrito podia elucidar a questão.

Esse documento também pode proteger você quando o cliente age com má-fé para achar problemas na sua entrega, utilizando sua falha para conseguir vantagens financeiras, por exemplo. Talvez você conheça o caso (ou lenda urbana) onde um locatário, no momento de entregar o apartamento, acabou pintando-o de preto em represália às inúmeras exigências descabidas da imobiliária. Verdade ou não, não importa. O fato é que se não for especificada a cor exata do apartamento ou não existirem fotos da vistoria (prática que não existia no passado), então, sim, o locatário poderia pintar o apartamento da cor de sua preferência.

Por outro lado, cuidado com o detalhamento precoce quando você ainda não conseguiu uma visão mínima da viabilidade dos requisitos estabelecidos. Quando tratamos da quebra do escopo em requisitos mais específicos, o próximo passo lógico é colocar isso no tempo e estimar os custos. No melhor dos cenários você terá o tempo e o dinheiro necessário para contemplar todos os requisitos. Em um cenário mais realista, pode faltar tempo, dinheiro ou os dois, e é aí que a coisa complica e você será obrigado a entrar em um acordo com o seu cliente sobre o que deverá ser cortado. Na verdade, isso é normal dentro do processo de negociação do escopo, mas o meu ponto aqui é que você precisa ser eficiente no processo de identificação

O que é um projeto? 17

dos requisitos, já promovendo também a sua priorização. Os clientes às vezes têm dificuldade em definir uma lista perfeita de requisitos e suas prioridades, mas normalmente conseguem trabalhar em agrupamentos onde determinam o que é essencial e o que é desejável.

Com essa pré-priorização feita, logo que você identifica que não conseguirá entregar tudo dentro do tempo e do custo estabelecidos, você se concentra no que é essencial e tenta acomodar o restante com base no seu entendimento. Você ainda terá que retornar ao seu cliente, mas o fará com um escopo mais sólido e assim poderá passar ao refinamento sem ter que perder tempo com grandes blocos. Às vezes seu cliente nem entende o conceito requisito, mas o importante aqui é entender o que é realmente crítico para ele, o que é altamente desejável e o que seria desejável e assim por diante.

É um pouco complicado abordar esse assunto de maneira tão linear, já que, na verdade, essas interações acontecem através de idas e vindas, além de muita negociação. Então, para tentar simplificar, busque ter uma visão mínima da prioridade dos requisitos do seu cliente desde o início e só os detalhes quando entender que o escopo está relativamente estável e que eles estejam minimamente dentro das linhas de base de custo e tempo.

Outro problema é o caso onde os escopos não são detalhados por sofrerem constantes mudanças. Isso é uma das piores coisas que pode acontecer com um projeto, se não a pior, e realmente você não deveria perder tempo tentando detalhá-lo por saber que ele irá mudar logo em seguida. Não vou entrar no mérito da razão pela qual o cliente muda de ideia a todo o momento e tem dificuldade em estabilizar o escopo. O fato é que você não pode ignorar essa situação e avançar. Todo projeto é estruturado e gira em torno do escopo, e um escopo que muda a todo o tempo não nos permite estabelecer as linhas de base de escopo, tempo, custo, entre tantas outras áreas. A saída para esse caso é jogar pressão no cliente e não dar estimativas enquanto o escopo não estiver estabilizado.

No momento em que o cliente disser que, segundo ele, o escopo está estável, então apenas nesse momento você irá detalhá-lo e pegar a aprovação do cliente. Se perceber que as mudanças continuam, desacelere e mostre para o cliente que você não vai avançar no detalhamento em função das constantes alterações. A questão aqui é o momento. Se o projeto está na sua fase inicial, é normal que ele mude muito, visto que isso é parte do processo, porém, conforme o projeto avança, ele precisa se estabilizar. O que não pode acontecer é você estruturar algo que ainda está embrionário e assim perder tempo.

Deixe-me dar um exemplo. Quem já passou pelo processo de construção de uma casa sabe que o arquiteto não entrega os projetos detalhados no segundo encontro. O projeto evolui através de rascunhos e desenhos um pouco primitivos, e ele só vai criar o projeto arquitetônico definitivo quando entender que o cliente já tem um bom consenso em torno do que precisa ser entregue. Depois disso, provavelmente o cliente solicitará mudanças, mas o que se

18 Manual de Sobrevivência para Gerentes de Projetos

espera é que elas sejam pequenas. Gosto dessa analogia, já que, até achar um consenso sobre a entrega, não deveríamos perder tempo detalhando planos. Nenhum arquiteto gostaria de saber que todo o tempo despendido para achar uma tonalidade de tinta para uma parede, assim como para definir o formato do gesso ideal foi perdido, já que na revisão do cliente a parede foi retirada.

Outro cuidado muito importante é não perder a atenção e se manter vigilante mesmo quando o escopo foi acordado pelo cliente. Após estabelecer as linhas de base do projeto, todas as mudanças deverão ser coletadas e tratadas adequadamente como solicitações de mudanças – e deve-se ter muita atenção a esse ponto. Em algumas empresas, o método de gestão de projetos vai deixar claro esse momento, e não existe discussão. Como na maioria dos casos essa fronteira não é tão clara, recomendo fortemente que você faça uma reunião formal com seu cliente e os membros do seu comitê para apresentar o escopo e informar que, a partir daquele momento, todas as solicitações de mudanças passarão por um processo de análise de impacto e que serão aceitas apenas quando viáveis e cujos impactos forem aceitos pelo cliente. Por impacto pode-se entender um aumento do prazo, do custo, do risco ou outro fator. Eu digo isso porque muitos gerentes de projetos até se esforçam para conseguir estabelecer um escopo estável e na sequência iniciam o trabalho sem gerenciar de maneira apropriada as mudanças, o que na prática anula todo o trabalho que foi feito no início.

Para finalizar, tenha sempre em mente que mesmo um escopo extremamente detalhado ainda abre margem para interpretações. Recentemente, comprei uma casa que possuía uma boa descrição do escopo, mas que no momento da compra ainda estava em construção. O fato é que na entrega da casa eu tive surpresas, algumas boas, outras ruins, e como gerente de projetos eu já esperava. Mas como o escopo tinha sido bem detalhado, confesso que não tive grandes imprevistos, e isso é o importante. No meu caso, a falta de uma tomada em um armário embaixo da escada não é um grande problema. Acho que seria um pouco mais crítico saber que meu sistema de aquecimento seria elétrico e não a gás.

1.5. Projetos podem ser o início de algo maior

Eu queria agora falar um pouco da vida pós-projeto. Projetos podem ser importantes pelas suas entregas imediatas, mas ainda mais importantes pela qualidade de suas entregas ao longo do tempo. Quando construímos uma casa, desenvolvemos um sistema de informática ou criamos um novo carro, existem requisitos que são mais orientados ao produto em termos de desempenho imediato e outros que estão mais orientados à sua operação.

Em função disso, um aumento do custo do projeto pode levar a uma diminuição do custo de operação do produto ao longo do tempo, o que pode ser importantíssimo, dependendo

O que é um projeto? 19

do caso. Para mim isso é algo tão importante que costumo dizer que, para certa categoria de projetos, o objetivo deveria ser criar entregas cuja operação será a mais eficiente possível. Um projeto de um evento termina com o término do evento, mas essa não é a realidade para várias outras categorias de projeto.

Peguemos um exemplo na área de construção. Uma simples casa pode contemplar inúmeros requisitos relacionados à sua manutenção que, por exemplo, não têm nenhum impacto visual ou de uso no curto prazo. Por exemplo, pense em uma casa que possui um telhado embutido. Ela poderia ter telhas de cerâmica ou de concreto, sabendo que as telhas de concreto são normalmente mais caras. Mas por que gastar mais em um telhado que sequer pode ser visto? A resposta é que telhas de concreto são mais resistentes ao tempo e a impactos, então a possibilidade de se ter uma telha quebrada nos anos seguintes ao término da construção é menor quando comparada às telhas cerâmicas. Esse é um *tradeoff* claro onde um requisito de durabilidade impacta o escopo do produto, mas no qual nem todas as pessoas pensam. Do ponto de vista da entrega da casa, essa é uma diferença que não será percebida imediatamente.

Outro exemplo ainda na área de construção são fundações em áreas com muita umidade. Algumas pessoas optam por elevar o piso térreo, criando uma bolsa de ar entre o piso e a terra, além de isolar com mantas asfálticas as vigas-baldrames (vigas que sustentam as paredes). Se você olhar duas casas recém-construídas em uma área dessas, onde uma utilizou esse método e outra foi construída de maneira tradicional, com o piso em contato direto com o solo sem nenhum tipo de isolamento, você não verá diferença alguma, mas é um fato que, utilizando o primeiro método, a possibilidade de problemas com umidade no futuro é muito menor. Às vezes, com baixos custos adicionais em tempo de projeto, consegue-se economizar muito durante o tempo de vida do produto resultado do projeto.

Vamos passar agora ao domínio da informática. Um software pode ter um tempo de desenvolvimento de projeto de seis meses e um tempo de utilização de alguns anos ou mesmo décadas. Sendo assim, cada esforço que fizermos em tempo de projeto de modo a tornar a manutenção do sistema mais simples e econômica poderá economizar muito para a organização em questão. Pena que esses *tradeoffs* entre projeto e operação são normalmente negligenciados, quando na verdade deveriam ser o centro da discussão. Em muitos casos, o real valor que o projeto pode adicionar é criar um produto que terá grande desempenho e qualidade ao longo dos anos, e não apenas promover economias em tempo de projeto. Pense em quantos produtos compramos em nossa vida, cujos atributos imediatos não nos preocupavam, e sim o seu desempenho esperado ao longo do tempo?

A mesma lógica se aplica ao setor automotivo. Gerentes de frotas não questionam a capacidade de frenagem de um caminhão, uma vez que sabem que eles atendem às normas de mercado, mas a durabilidade das pastilhas de freio e seu custo de reposição são o que de fato lhes importa. Empresas de transporte estão dispostas a pagar mais caro por um produto para

20 Manual de Sobrevivência para Gerentes de Projetos

economizar na sua manutenção. Tudo isso não acontece por acaso e é fruto dos requisitos do projeto que precisam olhar o contexto geral. Não só as funcionalidades do produto, mas o seu desempenho ao longo da sua utilização.

Esse ponto é importante porque, se os atributos imediatos do produto em um projeto são sempre considerados, isso não acontece com a mesma ênfase sobre o que se espera desse produto nos próximos dez ou vinte anos. Pense no projeto brasileiro FX2 para compra de aviões militares. A força aérea brasileira deveria comprar os melhores aviões disponíveis no mercado, já que se trata de segurança nacional, não é mesmo? Ou deveria comprar os mais baratos, por uma questão simples de economia? A resposta para projetos como esse é a construção de exigências que precisam ser atendidas e que serão ponderadas. São documentos bastante complexos e que analisam o desempenho das aeronaves em inúmeros quesitos, mas também as questões de custo de manutenção e transferência de tecnologia, que são fatores de peso para a decisão. Dessa forma, sempre se soube que o Grippen não era o avião de combate de maior desempenho entre seus competidores americanos e franceses, mas quando se olhavam os requisitos da FAB e seu projeto para as próximas décadas, ele era o projeto que fazia mais sentido.

Acredito que meu ponto tenha ficado claro. Para uma grande variedade de projetos, o desempenho do seu produto/serviço ou outra entrega ao longo do tempo, após o projeto entregue, pode ser algo crítico e que precisa ser resolvido ainda em tempo de projeto. Questões como eficiência, durabilidade, segurança, confiabilidade, etc. precisam ser abordadas. O problema é que, na realidade, em função da pressão por resultados, muitos gerentes de projetos se concentram em finalizar seus projetos no custo e no prazo comprometendo a qualidade do produto, não pelo seu desempenho imediato, mas pelo seu desempenho ao longo de sua vida útil.

Assim, da próxima vez que estiver lidando com a definição de requisitos para um projeto, pense além da entrega imediata e reflita sobre o seu desempenho ao longo do tempo. Isso pode trazer à tona aspectos importantes que precisam fazer parte do escopo e que não são considerados quando pensamos apenas na entrega imediata. Claro que, quando falamos de produtos de mercado, iremos executar testes exaustivos para verificar se os requisitos de operação, como durabilidade, por exemplo, foram respeitados. Mas quando os projetos são internos, não raro eles são concluídos e uma série de requisitos que só poderiam ser testados na fase pós-projeto simplesmente não passarão no teste.

2

O que faz um gerente de projetos?

2.1. Pai, qual é o seu trabalho?

Meu filho de oito anos algum tempo atrás me perguntou: "pai, qual é o seu trabalho"? Apesar de saber que, conhecendo meu filho, a resposta não seria suficiente, tentei a abordagem mais simples possível: "sou um gerente de projetos". Mas, como eu temia, ele continuou... "hummm, não entendi, pode explicar melhor?" Bem, tentei explicar com maiores detalhes e em algum momento eu acho que ele entendeu, ou fingiu que entendeu, para que eu parasse de falar (particularmente, eu acho que foi a segunda opção). Infelizmente, a dificuldade em entender essa carreira não é apenas de crianças de oito anos. De tempos em tempos encontro alguém que me pergunta o que eu faço, e mesmo após minha explicação elas continuam com um certo ar de dúvida.

Eu poderia ser teórico e dar o conceito do PMI, que diz que um gerente de projetos é "a pessoa alocada pela organização executora para liderar a equipe responsável por alcançar os objetivos do projeto". Eu poderia, mas sei que não deveria, simplesmente porque acho que esse conceito não consegue traduzir a complexidade dessa profissão. Mas não entenda como uma crítica ao conceito. Dependendo do contexto no qual se está inserido, a atuação de um gerente de projetos pode variar enormemente. Ela pode partir de um cargo sênior com grande autonomia ou até de um simples controlador de atividades – ou, como eu gosto de chamar, um secretário de luxo. Mas se evitarmos os extremos e tentarmos uma abordagem mais simplista, poderíamos dizer que um gerente de projetos é o personagem mais importante em um projeto e por isso precisa ser extremamente hábil e eficiente para lidar com restrições e problemas para atingir os objetivos do projeto. Tudo bem, você deve estar meio indignado

22 Manual de Sobrevivência para Gerentes de Projetos

agora, já que isso é ainda mais simplista que o conceito do PMI e sequer um conceito, mas deixe-me explicar.

Imagine a situação hipotética na qual você é chamado para conduzir um projeto de construção da casa de um bilionário amigo seu. Ele não tem pressa e dispõe de recursos ilimitados. O que você faz? Bem, salvo se você quiser bater o recorde de incompetência em gestão de projetos, não é preciso fazer muita coisa. Você pode passar uns quatro meses na fase de projeto, selecionar três ou quatro arquitetos e em seguida discutir com seu amigo os detalhes até que ele os aprove. Depois você pode escolher um empreiteiro extremamente competente e caro e começar a execução. Mas e se a obra começar a atrasar? Não tem problema, seu amigo não tem pressa, pois na verdade ele vai passar dois meses esquiando na Suíça e então nem adianta terminar no prazo. Mas e se ao final da obra tiver alguma coisa de que ele não gostou? Não tem problema, é só fazer uma reforma pós-término da obra e pronto.

O problema é que situações como essas não existem. Gerentes de projetos precisam entregar algo, na qualidade, no prazo, no custo, entre outras restrições, deixando seu cliente contente e preservando sua equipe. Então, na prática, mesmo no momento de início de um novo projeto, já temos um desafio que é planejar o projeto de maneira que consigamos vencer todas as restrições para cumprir seu objetivo. Esse planejamento precisa ser muito competente para você conseguir fazer suas entregas de maneira eficiente, ou seja, lidando da melhor maneira possível com os problemas e as restrições.

Talvez você não tenha dado muita importância à questão das restrições, mas para mim isso é o centro do processo de gestão de projetos. Um projeto precisa atingir um objetivo através de um esforço coordenado e eficiente. Mas se não tivéssemos restrições para a utilização desses esforços, então a questão da eficiência seria secundária. Se você tem prazo e orçamento ilimitados, então você não teria qualquer dificuldade para concluir o projeto, como bem mostra o exemplo que descrevi. Todas as técnicas de gestão de projetos têm como base a busca da eficiência. Sendo assim, o gerente de projetos precisa ser a pessoa de referência para conseguir realizar os objetivos do projeto apesar das restrições de custos, prazo, qualidade, etc., e isso faz toda a diferença. Além das restrições que são críticas para o sucesso do projeto, outro grupo de fatores pode ser igualmente impactante para seu sucesso. Nessa categoria estou incluindo basicamente os riscos e problemas. Eles estarão presentes em todo o projeto e o gerente de projetos precisa lidar com eles da maneira mais inteligente e eficiente possível.

Nesse cenário nos aproximamos de um conceito básico da economia que é gerir a escassez. Para gerir essa "escassez" temos que ser muito hábeis em resolver as dificuldades que aparecerem para conseguir entregar o que nos foi solicitado. Era mais ou menos isso que eu quis dizer com lidar com as restrições e problemas. Existe uma brincadeira recorrente entre os gerentes de projetos: quando falamos de algum problema em nosso projeto, o outro normal-

O que faz um gerente de projetos? 23

mente diz que é normal, pois anormal seria não ter problemas. Se você estiver em um projeto que não tem problemas, cuidado: ou você está desinformado ou não é um projeto!

Além das restrições, lidar com riscos é outro fator que caracteriza o trabalho do gerente de projetos. Se as restrições são um grande desafio com que os gerentes de projetos precisam lidar, pelo menos elas são conhecidas desde o início do projeto, e, assim, você tem bastante tempo para lidar com elas. Por outro lado, os problemas e riscos irão aparecer do início ao último dia de existência do projeto, e isso irá igualmente caracterizar em grande parte o que um gerente de projetos faz.

Pense por um segundo que seu projeto foi devidamente planejado (considerando as restrições) e que caminha sem maiores dificuldades. O que poderia afetar seu desempenho? Riscos – tanto os conhecidos como os desconhecidos. Ambos exigirão muita competência do gerente de projetos. Se para os conhecidos você deveria ter construído um processo competente de gestão de riscos envolvendo as atividades clássicas de identificação, avaliação e resposta aos riscos, terminando com a valorização dos riscos residuais e com planos de contingências, para os desconhecidos, uma vez que estes acontecerão sem aviso prévio, a exigência de uma resposta rápida e eficaz do gerente do projeto e sua equipe será ainda condição fundamental para o sucesso do projeto.

Pense na construção de uma casa – e desculpe pela insistência em exemplos de construção, mas este é muito didático por inúmeros motivos. Pense que tudo foi planejado considerando as restrições de escopo, custo, prazo e qualidade. Uma vez iniciada a obra, o que poderia dar errado? Chover mais que o previsto? Alguns empregados pedirem demissão? Suas parcelas do financiamento não serem liberadas? Produtos previstos na obra saírem de linha? Uma falha no projeto exigir correções em tempo de execução? Todas essas questões são exemplos clássicos de riscos e precisam ser gerenciados da maneira mais profissional possível. Pena que nem tantos gerentes de projetos tenham consciência disso.

Se você está pensando que eu esqueci de tratar os fatores que não puderam ser previstos mas que aconteceram, eu diria que não, já que esses também são riscos, com a diferença de que eu não os conhecia. Se um problema aconteceu é porque tinha uma possibilidade de acontecer e, portanto, era um risco, ainda que desconhecido. A diferença é que quando eles ocorrem nós não os tratamos mais como riscos, visto que eles já aconteceram, e assim teremos uma tratativa particular que exigirá grande capacidade de reação. E não se martirize também por não ter conseguido prever tudo e ter que lidar com problemas inesperados por uma questão simples: isso não é possível!

Apesar de parecer reducionista, isso é um pouco da essência do que é ser um gerente de projetos. É conseguir superar todas as adversidades que o projeto possa impor para conseguir atingir seu objetivo e entregar valor ao cliente. Gerentes de projetos só sobreviverão caso consigam ser bem-sucedidos na gestão dos seus projetos.

2.2. As principais competências de um gerente de projetos

Antes de tudo, para evitar confusão, eu vou descrever certo entendimento sobre a definição de competências. Por competências técnicas (*hard skills*) quero dizer aquelas mais concretas e mensuráveis e que podem ser facilmente ensinadas. Como exemplo eu poderia citar as competências para medir o avanço do projeto, gerir seu escopo, dominar ferramentas de comunicação e de softwares de gerenciamento de projetos, entre outros. Já as competências comportamentais (*soft skills*) são menos tangíveis e difíceis de quantificar. Elas estão mais relacionadas aos aspectos comportamentais do gerente de projetos e sua capacidade para trabalhar em grupo, resolver conflitos, envolver as pessoas, liderar sua equipe, etc.

Se no início da carreira o gerente de projetos acha que as competências técnicas são as mais importantes, logo ele vai descobrir que um verdadeiro gerente de projetos experiente é aquele que domina completamente as competências comportamentais. Não me entenda mal, já que é claro que as competências técnicas têm sua importância. Porém, são as competências comportamentais que farão toda a diferença na gestão dos projetos.

Pense nos problemas recorrentes em projetos. Você já viu algum gerente de projetos dizer "eu estou com um problema, já que não sei como acompanhar o valor gasto do meu projeto" ou "eu não tenho a mínima ideia de como enviar um relatório de status do projeto"? Eu nunca ouvi frases assim, mas já cansei de escutar coisas do tipo: "eu não sei como lidar com dois *stakeholders* que não se entendem"; "eu não sei como convencer o meu cliente de que não é possível entregar o que ele quer com o orçamento alocado"; "eu não sei como conseguir o apoio do meu comitê para recusar uma mudança de escopo requisitada pelo cliente que é impossível de ser implementada nesse momento". O problema sempre vai recair sobre questões comportamentais e menos frequentemente sobre questões técnicas.

Então, se retomarmos a pergunta de início deste capítulo, gerente de projeto é "aquele que consegue, através de suas competências técnicas e comportamentais, atingir os objetivos do projeto criando valor para o cliente, apesar das suas restrições e riscos, além de fazer tudo isso preservando sua equipe". Não tenho a pretensão de criar um novo conceito, mas acho que esses elementos contemplam bem o que é o trabalho de um gerente de projetos.

Durante minha carreira, por diversos momentos tive que ajudar gerentes de projetos que estavam em crise. Os motivos dos problemas eram os mais diversos: o avanço do projeto não era satisfatório; às vezes o relacionamento com o cliente não era o esperado; ou às vezes mesmo internamente as situações estavam muito tensas, o que demandava uma intervenção. Em algumas dessas ocasiões eu identifiquei algumas falhas do ponto de vista técnico do pro-

O que faz um gerente de projetos? 25

jeto, mas posso garantir que estas nunca foram os motivos que me fizeram ser chamado para ajudar. Seguindo o princípio de Pareto (ou regra 80/20), 80% dos problemas eram sempre relacionados às competências comportamentais dos gerentes de projeto em questão e apenas 20% eram relacionados às técnicas.

Deixe-me citar dois casos de ajuda que prestei a colegas que exemplificam bem o que acabei de falar. Nos dois casos a relação com o cliente estava deteriorada, e em um deles tensa a ponto de o cliente dizer claramente que não gostaria nunca mais de trabalhar com aquele gerente de projetos. Você deve estar pensando que esses projetos foram verdadeiras catástrofes que criaram grande prejuízo ao cliente ou coisas do tipo, mas não foi bem esse o caso.

De maneira resumida, o primeiro era um projeto extremamente difícil e complexo, com uma janela para implementação extremamente curta que o gerente de projetos conseguiu completar de maneira impecável. No segundo caso, a relação com o cliente estava extremamente deteriorada, o projeto era igualmente exigente e difícil, e mesmo assim estava quase no prazo e dentro do custo e da qualidade acordados.

Eu entrevistei os clientes desses projetos em conversas muito abertas e eles me confirmaram que realmente os projetos estavam no prazo, no custo, com a qualidade sendo respeitada, além de eles terem plena consciência de que se tratava de projetos difíceis, mas mesmo assim eles reforçaram seus descontentamentos. Um deles confirmou que não gostaria mais de trabalhar com o gerente de projetos em questão. Eu sei que colocando dessa maneira parece que o cliente é louco, o que não é o caso, e eu afirmo que as situações descritas são inteiramente fidedignas. Então o que realmente aconteceu?

Simples. Durante a execução de ambos os projetos, por inúmeras vezes situações que poderiam ter sido geridas de maneira tranquila acabaram gerando bastante tensão e estresse. Aos dois gerentes de projetos faltaram competências comportamentais. Não souberam se comunicar nem na forma nem na frequência adequadas, principalmente por não terem conseguido estabelecer um bom relacionamento com seus clientes. Não conseguiram também entender que os clientes queriam participar e se envolver em algumas decisões. Mais do que isso, não conseguiram envolver o cliente de maneira geral, e por consequência não entenderam realmente suas necessidades, tornando-se muito exigentes no cumprimento do método, ou às vezes preciosistas nos detalhes. Tudo isso levou a uma degradação das relações, a ponto de o cliente não desejar mais trabalhar com um dos gerentes de projeto em questão, apesar da entrega feita não ter deixado a desejar.

26 Manual de Sobrevivência para Gerentes de Projetos

Acredito que esses exemplos mostram claramente como as competências comportamentais são fundamentais para qualquer gerente de projetos – e olhe que esses sequer são casos extremos, pois, apesar das deficiências comportamentais, os gerentes de projetos em questão ainda conseguiram fazer boas entregas. Eu presenciei casos onde essa ausência de competências comportamentais criou situações gravíssimas. Alguns gerentes de projetos não "sobreviveram" e acabaram sendo demitidos ou decidiram por deixar a empresa.

Desculpe a franqueza, mas se você não tiver competências comportamentais bem desenvolvidas ou não tiver o potencial para desenvolvê-las, mude de profissão. Eu poderia ser bonzinho e dizer que você poderia compensar essa deficiência de outra forma e blábláblá, mas não, você não pode. Simplesmente mude de profissão ou esteja fadado a uma carreira como gerente de projetos com muita dificuldade e frustração.

Suas competências comportamentais serão exigidas a todo momento ao longo do projeto, a ponto de eventualmente você ter que passar 90% do seu tempo em atividades que envolvam apenas questões comportamentais. Alinhar *stakeholders*, negociar prazos e orçamentos, lidar com imprevistos e equacionar interesses são alguns exemplos dessas atividades. Esta é a vida de um gerente de projetos. Por isso, desenvolver constantemente as competências comportamentais é uma necessidade de qualquer gerente de projetos.

Para fazer um contraponto, vou contar uma história: eu conheço um gerente de projetos cujas competências comportamentais são realmente muito boas. Ele tem carisma, consegue envolver as pessoas, tem clareza nas suas explicações e assim por diante. Apesar de tudo isso, eu o vi enfrentar graves problemas em projetos, e sabe por quê? Porque ele não dominava minimamente as competências técnicas exigidas, o que lhe causava dificuldades constantes, algumas inclusive que o colocaram em situações extremas. Isso deve ficar de alerta, já que, apesar da ênfase que dei às competências comportamentais, as técnicas não podem ser esquecidas.

O lado positivo é que as habilidades técnicas são muito mais facilmente adquiridas que as comportamentais. Treinamentos, ferramentas e aplicativos são exemplos de ações simples e com considerável eficácia no desenvolvimento de competências técnicas. É uma pena que elas não tenham a mesma eficácia na obtenção de competências comportamentais. As comportamentais exigem muito esforço e a exposição a situações difíceis ao longo de muitos anos para que elas possam se desenvolver. Infelizmente os softwares atuais de gestão de projetos não resolvem conflitos entre *stakeholders* nem negociam mudanças de escopo com clientes difíceis.

2.3. Você precisa enxergar além e ser rápido e efetivo com os riscos ocultos

Agora a coisa fica ainda mais interessante. Se você tiver um bom domínio das competências técnicas e comportamentais, então as suas chances de ser um bom gerente de projetos aumentam substancialmente. Mas se você quiser ser um gerente de projetos excepcional, então você vai ter que ir além.

Pense um pouco comigo. Se você construiu um planejamento consistente e conseguiu iniciar o projeto em boas condições, então o que pode fazê-lo fracassar? Riscos. Eventos negativos irão ocorrer ao longo do projeto, tendo você previsto ou não. Se dividirmos esses riscos em categorias, então teremos os que já aconteceram, os que não aconteceram, mas com certa probabilidade de acontecer (entre 1% e 99%), e os que você desconhece.

Para os eventos de riscos que já aconteceram você irá trabalhar para solucionar o problema e pronto. Se você os previu dentro de um processo de gestão de riscos, tão melhor, afinal você provavelmente tem um plano de contingência pronto. Se não, irá atuar de maneira reativa. Sobre eles não se aplica mais nenhuma técnica de gestão de riscos, visto que eles já aconteceram – e, portanto, tecnicamente não são mais riscos.

Para os riscos conhecidos você se planeja com antecedência utilizando as técnicas de gestão de riscos e espera que eles não aconteçam, mas se acontecerem, você terá um plano de contingência pronto (ou pelo menos deveria). Mesmo que seus impactos sejam maiores que o previsto inicialmente, pelo menos é algo conhecido e para o qual você deveria estar minimamente preparado.

Por outro lado, quando falamos do desconhecido, então os impactos podem ser muito maiores. Um risco desconhecido é aquele que aparece do nada. Além de você não estar preparado e não poder antecipar uma resposta para eles, você pode se encontrar em uma fase avançada do projeto onde qualquer dificuldade inesperada pode gerar uma consequência mais grave.

Mas então o que o gerente de projetos precisa mostrar frente a esses riscos? Eu diria basicamente duas coisas. Primeiro, desenvolver a capacidade de se antecipar e conseguir "enxergar" os problemas antes que eles aconteçam. E, desculpe, mas para isso não tem muita teoria, já que é menos racional e requer uma boa dose de intuição. Se fosse tentar utilizar uma analogia, seria mais ou menos naqueles momentos em que dizemos: "eu já estava sentindo que algo não estava certo". Então, se no seu projeto você estiver sentindo que algo não está certo, bem, então faça alguma coisa a respeito e não espere acontecer.

28 Manual de Sobrevivência para Gerentes de Projetos

A segunda coisa é o seguinte: se você não conseguiu antecipar a ocorrência de um risco, então só lhe resta responder a ele. Bons gerentes de projetos dão uma resposta a um novo problema enquanto excelentes gerentes de projetos dão uma resposta rápida e eficiente. Mas como você vai fazer isso? Vai depender muito do contexto, mas como não gosto de deixar perguntas sem resposta aqui vão algumas dicas.

Primeiramente, nunca subestime um risco inesperado. Se ele chegou ao seu conhecimento, pegue sua equipe (ou pelo menos a parte da equipe relacionada ao risco) e o analise o mais rapidamente possível. Para facilitar, utilize ferramentas simples e efetivas, como o uso dos cinco porquês, diagrama espinha de peixe (ou de Ishikawa, como eu prefiro chamar), entre outras. Se estiver faltando informação, colete-a diretamente ou através de alguém da sua equipe. Antes de preparar uma ação, tenha certeza de que você sabe com o que está lidando.

Uma vez que você entenda bem do que se trata, analise as opções e a criticidade do problema, prepare uma resposta adequada e coloque-a em ação. Não raro você se encontrará em situações difíceis ao longo de um projeto por causa desses problemas não previstos e será obrigado a entrar imediatamente em modo de crise, abandonando tudo o que está fazendo para lidar com o problema recém-chegado.

Já vi inúmeros projetos não necessariamente fracassarem, mas passarem por situações de crise porque os riscos que foram ocorrendo ao longo do caminho não receberam a atenção que mereciam. Eu, particularmente, não penso duas vezes em abandonar atividades não críticas para me dedicar intensamente a um novo problema. Claro que isso deve ocorrer até o momento em que eu entendi bem a situação e preparei uma resposta à altura. Eventualmente será um alarme falso e nem sequer um problema de verdade, mas tenha sempre certeza disso antes de deixá-lo de lado. Nunca seja omisso ou negligencie um potencial risco. Dependendo da sua dimensão, um problema imprevisto pode arrasar todo um planejamento bem construído. Esteja atento e forneça uma resposta rápida e eficaz sempre que deparar com um novo problema.

2.4. Gerentes de projetos precisam liderar

Fico impressionado como a liderança sempre teve papel de destaque ao longo de toda a história da humanidade, mostrando como um grande líder é capaz de realizar obras inimagináveis. Nos projetos isso não é diferente. Um gerente de projetos que atue como um grande líder também conseguirá grandes realizações através de sua equipe. Eu sei que falando assim parece meio clichê, mas eu realmente acredito na capacidade de um líder em fazer grandes realizações.

Se aplicarmos uma visão um tanto simplista do tema liderança (que não gosto muito de utilizar, mas que vai nos ajudar nesse momento a aprofundar o assunto), independentemente da corrente teórica que utilizamos, a liderança está sempre relacionada a conseguir o máximo de desempenho dos liderados através da figura do líder na busca de um objetivo. A maneira de se obter tal resultado vai variar, mas sempre o objetivo estará relacionado de alguma forma a conseguir o máximo de desempenho dos liderados.

Uma forma alternativa de se conseguir desempenho através dos liderados é o uso do poder hierárquico, que basicamente é algo do tipo "faça isso ou eu mando você embora"! Claro que funciona também, de maneira altamente questionável, e certamente apenas no curto prazo. De qualquer forma, essa não é uma opção viável ao gerente de projetos, já que ele exerce apenas uma liderança momentânea sobre os membros do projeto. Mas mesmo que fosse possível ao gerente de projetos utilizar o poder hierárquico, como gerentes de linha, eu também não recomendaria simplesmente porque não consigo acreditar que a gestão pelo medo possa gerar resultados. Talvez até funcione no curto prazo com graves consequências, mas jamais funcionará no médio e longo prazo.

Mesmo que em muitas empresas as decisões do projeto caibam a um comitê ou algo equivalente, na maioria das vezes a responsabilidade da execução cabe ao gerente de projetos. Mesmo que os gerentes de projetos não tomem as decisões de maior relevância sobre os projetos, são eles que tomam as decisões menores, além de ditar o ritmo dos trabalhos. Eles são, sem dúvida, a peça principal do projeto e onde todos buscam uma referência, e por isso sua equipe espera em algum nível que o gerente do projeto exerça a liderança.

Essa liderança será situacional, uma vez que projetos diferentes vão exigir perfis diferentes de liderança. Imagine dois projetos distintos, onde o primeiro é um projeto local de finanças para adaptar a empresa a algumas normas internacionais de relatórios contábeis e o segundo é um projeto de tecnologia com sua equipe espalhada por mais de cinco países, todos de idiomas e culturas diferentes. As exigências de liderança serão diferentes nesses dois projetos e o gerente de projetos precisará se adaptar a elas. Projetos diferentes exigem competências diferentes, e às vezes não necessariamente diferentes na forma, mas na intensidade.

Essa talvez seja a habilidade comportamental mais importante para um gerente de projetos e o que torna o tema liderança tão desafiador dentro da área de gerenciamento de projetos. Liderar uma equipe local francesa exige um estilo de liderança, enquanto liderar um projeto global com mais de cinco países envolvidos exige outro estilo de liderança. Essa capacidade de adaptar seu estilo de liderança a cada situação é uma das competências mais importantes para um gerente de projetos.

30 Manual de Sobrevivência para Gerentes de Projetos

Em primeiro lugar, você como líder precisa mostrar aonde pretende chegar e o caminho que será seguido. Isso é algo um tanto quanto básico, mas como um líder pode conduzir sua equipe a entregar algo que não está claro e cujo caminho não foi definido? Essa visão será fundamental para suportar o líder durante toda a gestão do projeto. Mas é fato que muitos gerentes de projetos têm dificuldade em compartilhar com sua equipe uma visão clara do real valor que o projeto precisa entregar e qual sua estratégia para chegar lá. Fico impressionado como equipes de projetos às vezes atuam de maneira tão fracionada que acabam por perder a visão do todo. A sinergia entre as diversas pessoas é um dos grandes segredos dos melhores projetos, mas ela só é alcançada quando uma visão clara dos objetivos do projeto é estabelecida através do líder do projeto e em seguida compartilhada com todos.

Nesse processo é fundamental que o gerente de projetos use todas as suas competências em termos de comunicação para que todos os *stakeholders* tenham uma visão clara do valor que o projeto irá entregar. Para conseguir isso você deverá utilizar diversos instrumentos de comunicação, ajustando sua intensidade de acordo com o contexto. Descrições, apresentações, imagens, vídeos, reuniões e discussões individuais são apenas alguns instrumentos que você poderá utilizar. Você deverá definir quais, como e com qual frequência eles serão utilizados, mas o importante é que você trabalhe com um grupo desses instrumentos, visto que nunca apenas um modo de comunicação é suficiente.

Em segundo lugar, você precisará definir o papel de cada um dentro dessa visão, e precisará fazer isso com muita clareza. Eu sei que talvez esteja sendo chato, falando de coisas tão básicas, mas essas coisas básicas são constantemente ignoradas e os projetos sofrem, os gerentes de projetos sofrem. Agora aqui você pode ter um grande desafio. Nunca se pode perder de vista que a cultura irá impactar todas as áreas do projeto e a liderança não é uma exceção. Se, para algumas culturas, essa descrição do que você vai fazer pode ser mais vaga, em outras precisará ser extremamente detalhada. Sobre isso, por exemplo, as culturas brasileira e francesa se enquadrariam nos dois opostos. Brasileiros conseguem lidar melhor com menos informação e, mesmo que não tenham detalhes do que devem fazer, eles se sentem ainda assim relativamente confortáveis. Já no caso dos franceses, a descrição detalhada do que eles deveriam fazer não é apenas desejado, mas obrigatório, e eles se incomodam profundamente quando seu papel no projeto não está descrito de maneira formal. Caso você não tenha fornecido isso, eles irão solicitar de maneira natural; e caso você não dê uma resposta, acho melhor dar logo ou se preparar para escutar muita reclamação. Eu sei que alguns de vocês podem estar pensando que franceses são conhecidos por serem um pouco "reclamões" demais e eu não vou entrar nessa questão, mas o que posso afirmar é que, sim, eles estão certos em pedir tal clareza, não pela burocracia ou formalismo, mas porque o seu papel se torna mais claro e eles conseguem desempenhá-lo de maneira mais eficiente.

O que faz um gerente de projetos? 31

Com um objetivo claro e bem comunicado, e com uma equipe que tem clareza nas suas tarefas e responsabilidades, as bases para a sua liderança estão construídas. Na sequência, é entrar na execução e liderar com os desafios do dia a dia – e é aí que o processo de liderança vai ficar ainda mais interessante. Como eu disse, mesmo que o gerente de projetos não tome as decisões mais importantes, através da liderança ele pode exercer grande influência sobre o projeto.

Para exercer essa liderança você precisa interagir constantemente com suas equipes. Reuniões em grupos e individuais, mas nada além do necessário para não cair na armadilha do microgerenciamento. Por outro lado, eu promovo reuniões de trabalho individuais ou em pequenos grupos, de acordo com as necessidades de cada um. Você já deve ter percebido como os membros da sua equipe trabalham com maior ou menor autonomia, e dessa forma irão precisar mais ou menos da sua ajuda. São situações como esta que exigem do gerente de projetos o uso de suas competências não apenas de liderança, mas de liderança situacional, adaptando-se constantemente a cada nova realidade do projeto e sua equipe.

É difícil descrever todas as atividades ligadas à liderança, uma vez que isso é algo sempre muito particular ao estilo de cada líder. Eu gosto eventualmente de participar de discussões técnicas e de estar presente mesmo quando minha presença não é realmente necessária. Ao mesmo tempo, gosto de deixar os membros da minha equipe muito livres para planejar da maneira que acharem melhor. Essa flexibilidade é fundamental para o sucesso da sua liderança. Situações como essas variam muito de projeto para projeto, de fase para fase e de acordo com o perfil de cada equipe. Cada gerente de projetos deverá imprimir seu próprio estilo.

É fundamental também que o gerente de projetos apoie a sua equipe, e uma das principais ações nesse contexto é proteger e respaldar os membros do projeto. Quando, por exemplo, alguma decisão técnica é tomada pelo grupo, você enquanto líder deveria defendê-la junto aos outros níveis hierárquicos. Os membros de sua equipe se sentirão apoiados e confiantes de que suas decisões são reconhecidas e respeitadas por você. Eu mesmo algumas vezes sou voto vencido em algum projeto e minha equipe aprecia isso. Se nesses mesmos casos a decisão da equipe se mostrar infrutífera, eu não sou o chato que diz "eu avisei". Agora, é verdade também que, quando tenho convicção sobre algo por experiência ou outro fator, eu exerço meu poder de veto. Mas isso deve ser a exceção e não a regra. A decisão em grupo é sempre mais proveitosa.

Além desse apoio às decisões, é fundamental que o gerente de projetos, enquanto líder do projeto, exerça essa responsabilidade e proteja seu grupo se ocupando de todos os problemas políticos e administrativos, liberando sua equipe para se concentrar nas entregas do projeto. Isso pode não parecer tão importante, mas muitos membros do seu projeto irão apreciar profundamente.

32 Manual de Sobrevivência para Gerentes de Projetos

Um exemplo disso é um projeto tecnicamente e politicamente muito complexo que liderei. Eu tinha um recurso-chave muito competente cuidando da solução, mas que detestava a política, que envolvia inúmeras reuniões, entre outras coisas. Desde o início do projeto eu lidei com as situações políticas para que ele se dedicasse às questões técnicas, o que ele apreciou muito, já que pôde fazer seu trabalho sem ser atrapalhado. Tudo bem, eu não fiz mais do que a minha obrigação, mas muitos gerentes de projetos não o fazem e acabam envolvendo sua equipe em discussões que não lhe cabem. Para bem liderar, você precisa sempre estar atento a esse fator e fazer as pessoas focarem nas coisas que elas deveriam e gostam de fazer, ao mesmo tempo em que consegue compartilhar com elas a visão do projeto para que elas entendam claramente como elas estão contribuindo para uma entrega maior.

Não esqueça que um gerente de projetos irá exercer, na maioria das vezes, uma liderança temporária. Isso quer dizer que você precisa fazer as suas entregas dependendo de uma equipe que não é sua enquanto estrutura de linha. Esse fato, aliado a diversas outras questões como distância geográfica, culturas diferentes, concorrência com outros projetos, etc. impõe um desafio enorme para o exercício da liderança do gerente de projetos. Nesse contexto, ser um gerente de projetos é conseguir que as pessoas trabalhem com eficiência, mesmo sem ter poder hierárquico sobre elas, sem estar na mesma localidade geográfica e às vezes sem nunca mesmo ter a oportunidade de encontrá-las. O segredo para enfrentar isso é demonstrar que você está disponível 100% do tempo para apoiar sua equipe, além de exercer sua liderança de maneira personalizada. Dentro dos limites do tamanho e da complexidade do seu projeto, você deveria dar uma atenção aos seus membros de maneira individual. Diferentes pessoas demandam estilos diferentes de liderança, e você precisa entender essas necessidades para poder dar uma resposta adequada.

Tenha bastante cuidado para não cair na armadilha do microgerenciamento. Ou você é um verdadeiro líder que dá suporte à sua equipe e confia nela ou não é um líder de fato. Às vezes essa nem é uma questão de escolha. Para projetos pequenos, o gerente de projetos pode até exercer um controle mais forte das atividades de todos se bem o desejar, mas isso é algo que eu não recomendo, por nunca ser apreciado pelos membros do projeto (além de criar vários problemas). Por outro lado, se você quer fazer a mesma coisa em grandes projetos, independentemente dos aspectos negativos, isso sequer será possível, visto que grandes projetos exigem demais do gerente de projetos.

Para viabilizar a execução de um grande projeto você precisará necessariamente de uma equipe experiente que trabalhe de maneira autônoma. O problema é que alguns gerentes de projetos confundem controle com microgerenciamento. Controle é necessário em todos os projetos, e microgerenciamento, salvo raríssimas exceções, nunca é necessário.

Sem controle não existe projeto, ou pelo menos não um projeto bem gerido e eficiente, que é o tipo que nos interessa. Para exercer esse controle, o gerente de projetos precisa atuar

O que faz um gerente de projetos? 33

como um líder mostrando o objetivo, definindo os papéis, delegando atividades e controlando as entregas, e o segredo é esse: as entregas. Eu particularmente não dou tanta importância em como às pessoas vão se organizar para fazer essas entregas. O que importa são as entregas e para controlá-las você pode utilizar o que bem entender, como um software de gestão de projetos, uma planilha eletrônica ou outra ferramenta qualquer. O importante é que seja um instrumento simples e que permita fazer esse acompanhamento de maneira eficiente e rápida.

Esse controle será ainda mais facilitado quando você estiver lidando com uma equipe competente e experiente. Uma reunião semanal de acompanhamento normalmente será suficiente para estar a par do que se passa e promover eventuais ajustes de rumo. O gerente de projetos deveria ser a pessoa que mais tem informação sobre o projeto e, sendo assim, deveria ser a pessoa que precisa ajustar as prioridades. Dependendo do momento do projeto, você pode colocar mais ou menos esforço nas atividades de acordo com sua importância. Isso reforça sua liderança, principalmente porque todos percebem que você domina completamente o projeto e que através de ações como estas acaba evitando esforços desnecessários, além de tomar essas decisões em conjunto com a sua equipe de maneira democrática. Você é o líder do projeto e não um monarca, nunca se esqueça disso.

Dependendo da situação, opto por tomar uma decisão de maneira autocrática explicando os meus motivos. O que posso dizer é que sua equipe não terá nenhum problema com atitudes como essas, desde que elas não sejam frequentes. De vez em quando você chamar a responsabilidade para si é algo normal e esperado de qualquer líder. O que não é normal é uma centralização das decisões onde sua equipe pouco contribui.

É muito importante controlar o "o quê" e não o "como" algo deve ser entregue para evitar o microgerenciamento, mas eu concordo também que em determinados momentos você terá que microgerenciar partes do escopo, pelo menos de maneira temporária. Uma das razões para esse eventual microgerenciamento, e talvez a principal, é quando o gerente de projetos pode não confiar no trabalho de algum membro de sua equipe por qualquer motivo que não vale a pena aqui aprofundar. Nesse caso, a melhor solução seria substituir esse membro da equipe, mas lembre-se que gerentes de projetos não detêm os recursos, e sim os toma emprestado, e não raro temos que lidar com o que temos. Infelizmente, às vezes nos vemos com recursos pouco capazes que vão exigir muito do gerente de projetos, e então será necessário o uso de uma dose de microgerenciamento.

Eu já passei por isso algumas vezes em minha carreira: um recurso deficiente me obrigava a acompanhar no detalhe todo o seu trabalho para evitar problemas para o projeto. É realmente uma situação lamentável, mas você precisa ter ciência de que pode acontecer. Felizmente, no meu caso, depois de alguns meses eu consegui substituir a pessoa em questão e o problema foi resolvido, mas prepare-se para situações como essas que em alguns casos irão até o fim do projeto.

2.5. Gerentes de projetos são agentes de mudanças

Gerentes de projetos precisam estar capacitados para gerir a mudança simplesmente porque gerentes de projetos são essencialmente agentes de mudança. Projetos promovem mudanças, e ter as competências necessárias para lidar com elas é essencial para um gerente de projetos. Já vi vários projetos que foram bem desenvolvidos na construção de uma entrega sólida, mas cujo impacto da mudança foi subestimado e por causa disso acabaram fracassando.

Imagine, por exemplo, um projeto de software que tenha como objetivo substituir toda uma solução de sistemas de informática que vem sendo utilizada há anos. As questões técnicas para realizar tal tarefa são difíceis, mas, dependendo do contexto, podem não ser o que você irá enfrentar de mais desafiador. Imagine que as pessoas envolvidas no projeto não estejam contentes com o fato de que terão que se adaptar aos novos sistemas, pois para elas os antigos eram suficientes. Pense que em função do projeto elas terão suas férias canceladas ou postergadas. Esses são apenas alguns exemplos de questões de gestão de mudança que são críticas e que precisam ser bem geridas, caso contrário seu projeto pode fracassar. No final do dia você pode até encontrar soluções para as questões técnicas, mas isso nunca é tão evidente para as questões comportamentais.

Pense agora em um projeto de fusão entre duas empresas. A questão da avaliação das duas culturas, preparação dos funcionários, integração considerando as resistências à outra cultura e assim por diante. São todas questões absolutamente fundamentais e que precisam ser abordadas para um projeto desse tipo ser bem-sucedido. Esses são exemplos clássicos de projetos onde a gestão da mudança é um dos grandes núcleos do projeto, e que demandará muita dedicação por parte do gerente do projeto.

Conversei algum tempo atrás com uma colega responsável por promover a fusão de algumas áreas de duas empresas de nacionalidades diferentes. Conversamos sobre o projeto e tudo o que ela repetia eram os problemas culturais. Ela explicou que nenhuma das duas empresas queria o projeto, e dessa forma a situação não avançava. Esse é um projeto onde a questão da gestão da mudança não deve ser tratada de maneira importante, mas de maneira crítica. Na verdade, as questões de processos e sistemas passam a ser secundárias, dada a complexidade da mudança.

Eu comentei em alguns momentos desta obra que gerentes de projetos não são os grandes responsáveis pelo projeto, e que boa parte das decisões se situa em um nível acima deles. Mas é fato também que o sucesso da mudança dependerá em grande parte da qualidade do gerente de projetos enquanto líder e agente de mudanças. Cabe então ao gerente de projetos estruturar a mudança e orientar sua equipe para que ela seja feita de maneira competente, e essa é uma das razões pelas quais grandes projetos pedem gerentes de projetos experientes e habilitados a conduzir complexos contextos de mudança.

O que faz um gerente de projetos? 35

Pessoas têm dificuldade em mudar, pois gostam do conforto das coisas como elas estão. Para sair desse estado de conforto, um esforço será necessário. As pessoas não estarão naturalmente dispostas a isso e criarão resistência. Daí subentende-se que, quanto maior a mudança proposta para o projeto, maior a resistência para mudar e maior será o desafio do projeto para gerir essa mudança.

Com base na mudança esperada, o gerente de projetos precisa fazer um diagnóstico o mais cedo possível para entender a amplitude do problema; caso contrário, poderá propor ações que estarão abaixo ou acima do que é exigido pelo projeto. Falhar nesse aspecto pode ser fatal. Para isso, o gerente de projetos precisa, junto com sua equipe, analisar toda a natureza e a amplitude das mudanças necessárias. Aspectos como mudanças de processos, ferramentas, cultura etc. precisam ser devidamente considerados. Mesmo que os analisemos de maneira independente, é preciso também entender suas conexões e onde estão os pontos críticos.

Com esse diagnóstico feito, o gerente de projetos precisa preparar a mudança e o primeiro passo será mostrar o resultado esperado, e eu vou ser muito claro sobre esse ponto. Se você não conseguir mostrar os benefícios que serão atingidos com o projeto, independentemente de o esforço solicitado às pessoas ser algo simples ou não, você não terá um grande apoio por parte delas. Você já pensou por que será que as pirâmides do Egito levaram muito mais tempo que o preciso para serem construídas? Acho que o fato de os trabalhadores saberem que após o término da obra eles seriam mortos para preservar os segredos do faraó não era um grande fator de motivação.

Então aqui você tem dois cenários. No primeiro as pessoas entendem que, apesar do esforço da mudança, existe uma recompensa esperando por elas. No segundo as pessoas sabem que terão que fazer certo esforço, mas que o resultado obtido será nulo ou, no caso mais grave, inferior à situação atual, segundo a visão delas. Não precisa ser um gênio para saber que o primeiro cenário é difícil, mas o segundo é dificílimo. De qualquer forma, as ações para lidar com os dois contextos não diferem muito. Porém, para o segundo caso as ações deverão ser muito mais intensas, e mesmo assim com resultados normalmente decepcionantes.

Com os objetivos claros e bem comunicados a todos, é preciso conseguir a mobilização das pessoas. Comunicação constante e transparência no projeto serão ferramentas essenciais dessa etapa. Lembre-se de que a falta de comunicação gera alucinação! Sendo assim, promova uma comunicação intensa sobre onde o projeto se encontra, o que já foi realizado e para onde ele caminha. Não deixe também de responder às perguntas de grupos ou individuais. Para isso recomendo uma técnica muito simples de sessões de perguntas e respostas, onde as pessoas são encorajadas a livremente fazer suas perguntas. Isso contribui para dar uma resposta personalizada a cada inquietude e por consequência manter a transparência do processo.

36 Manual de Sobrevivência para Gerentes de Projetos

Com todos cientes do resultado almejado e bem informados sobre o andamento do projeto, é preciso oferecer o apoio de acordo com a necessidade de cada um. Esse apoio normalmente abrange várias áreas, e mesmo uma ajuda psicológica deverá estar à disposição eventualmente. Não descarte nada, e para saber como melhor ajudar escute bem o que as pessoas têm a dizer. Projetos podem ser incrivelmente complexos e desafiadores, então nunca os subestime.

Casos de ansiedade, desânimo ou depressão são mais frequentes do que você imagina, já que raramente são documentados como deveriam. Ou você já viu algum projeto ao seu término informar quantas pessoas estão com depressão? Para lidar com isso, reforce as informações e o apoio a todos. Tente tranquilizar as pessoas para que a mudança ocorra da melhor forma possível. Pessoas não são máquinas. Pessoas precisam de respeito, atenção e carinho. Sem isso o projeto pode evoluir, mas com um alto preço, às vezes até mesmo com perda de vidas, como lamentavelmente já presenciei uma vez em minha carreira.

O gerente de projetos tem a responsabilidade de liderar essa mudança e fazer com que o projeto avance sem que as pessoas envolvidas paguem um preço alto. Claro que projetos mexem com a zona de conforto e é claro que muitas pessoas não estarão satisfeitas. Mas se você conduzir esse processo de maneira competente, o impacto será muito menor do que se nada fosse feito, e você irá avançar com mais tranquilidade, sabendo que todos estão recebendo o apoio de que precisam. Nunca será perfeito, e conflitos irão sempre existir, mas ninguém disse que sua obrigação é resolver 100% dos problemas. É sua obrigação profissional e moral fazer de tudo que estiver ao seu alcance para minimizar o impacto sobre as pessoas.

3

A arte de planejar

3.1. Não subestime a complexidade

Deixe-me fazer uma pergunta: você já ouviu algum colega dizer "meu amigo, estou muito contente com meus projetos. Eles têm terminado antes do prazo e abaixo do custo, e nunca tenho problemas na execução, uma vez que meu plano é sempre seguido à risca"?

Infelizmente, conversas como essas nunca acontecem. As coisas tendem a ser muito mais complexas do que parecem, e enquanto gerente de projetos você precisa desenvolver a capacidade de enxergar essa complexidade mesmo quando ela não se mostra evidente. Por exemplo, mesmo se um gerente de projetos de engenharia esteja acostumado com um determinado tipo de obra, essas mesmas obras, quando executadas em outros países, podem trazer uma complexidade muito maior do que quando executadas em um ambiente conhecido.

Um desenvolvimento de software utilizando um novo processo pode gerar vários desafios que não podem ser ignorados. Qualquer novo fator pode esconder complexidades que antes não existiam e que agora precisam ser corretamente avaliadas. Às vezes, mesmo os projetos conhecidos podem esconder surpresas. Então a minha dica para não cair nessas armadilhas é sempre desconfiar.

Eu sei, eu sei, fazendo isso corremos o risco de sermos chatos, exigentes ou mesmo neuróticos – e já mencionei que o bom-senso deve prevalecer, mas, de maneira geral, desconfie. A "coisinha" que você resolve em uma semana pode se tornar um projeto de meses. Recentemente, um colega foi chamado para um projeto de adaptação de processos em uma parte da empresa que se mostrou dez vezes mais complexo e custoso que o previsto inicialmente

38 Manual de Sobrevivência para Gerentes de Projetos

pelo cliente, e não estou falando de má-fé, mas de uma mistura de desconhecimento com otimismo. O problema é que muitas pessoas tendem a simplificar as coisas conscientemente ou não, e isso é uma catástrofe para qualquer planejamento.

Como escapar disso? Difícil falar de maneira abstrata, mas algumas ações preventivas se aplicarão à maioria dos projetos. A informação talvez seja a melhor maneira de se proteger. Seja para algo novo, ou mesmo em um projeto já conhecido, entreviste as pessoas envolvidas e tente extrair o máximo delas. Eu já tive pessoas que me disseram: "então você é o novo gerente de projetos... vamos ver quanto tempo você vai durar...". Era um caso complicado, fazia mais de cinco anos que o assunto ia e vinha e ninguém conseguia equacionar o problema. O fato de conversar com essas pessoas me fez ser mais precavido do que normalmente já sou, e assim consegui concluir o projeto sem maiores problemas, mas se não tivesse tido acesso ao histórico do projeto com certeza teria tido muito mais problemas e talvez até tivesse fracassado.

Recorra à sua experiência e converse com todas as pessoas possíveis. Você vai ficar impressionado de como conseguirá informações vitais das pessoas que menos esperava. Uma vez que conseguiu juntar informações suficientes, então é hora de planejar de acordo com o seu nível de confiança. Se não estiver seguro, justifique o porquê e dê prazos e custos superiores com base nos riscos envolvidos. Mas o importante é estar fundamentado por uma sólida análise de riscos, principalmente não subestimando os riscos não conhecidos.

Se para os riscos conhecidos você já previu ações caso eles ocorram, para os desconhecidos não é possível. Agora cuidado para não confundir desconhecido com desinformação. Desconhecido é o que de maneira geral se desconhece; desinformação é algo que você deveria saber, mas por algum motivo não sabe. Não faz sentido você ter uma surpresa ruim durante o projeto porque não previu algo que outros gerentes de projeto previriam normalmente. Dessa forma, tente coletar o máximo de informações através de lições aprendidas e envolvendo a sua equipe, para pelo menos minimizar a possibilidade de ter surpresas indesejadas durante a execução do projeto.

Em função da complexidade dos projetos, a aparição de problemas será frequente e difícil de antecipar. Surpresas aparecem todas as semanas e não temos muito como evitar, e é por isso que não podemos ser otimistas. Certa vez tive uma dessas surpresas: me fizeram uma solicitação para completar algumas tarefas que tenho certeza que não faziam parte do meu escopo, mas existe uma boa distância entre estar certo e entenderem que você está certo, e o assunto acabou consumindo muito do meu tempo.

O mundo mudou e está mais rápido, complexo e desafiador. Tudo isso se reflete nos projetos. Não existe projeto simples. Não os subestime. Esteja sempre no modo alerta, já que péssimas surpresas podem aparecer quando você não está preparado, mesmo nos projetos mais simples. Lembre-se de que, no final do dia, precisamos sobreviver. Talvez você ainda esteja me

A arte de planejar 39

achando um pouco exagerado, mas a minha experiência de mais de 15 anos gerindo projetos em diversas áreas, dos mais variados portes em diversos países, me mostrou que atuando assim sempre consegui entregar meus projetos e manter a integridade física e psicológica minha e da minha equipe. Nos momentos em que baixei a guarda, tive problemas, e por isso há muitos anos me mantenho muito atento.

3.2. Equilibre flexibilidade e detalhamento

Sempre fui um grande fã de gestão estratégica. Eu poderia escrever um livro apenas sobre as relações entre estratégia e projetos e talvez até o faça no futuro, mas eu trouxe o assunto à tona porque para mim existe algo dentro da teoria estratégica que é perfeitamente aplicável a este capítulo de planejamento. Para o bem da objetividade, vou tentar resumir em pouquíssimos parágrafos uma discussão de algumas décadas dentro da teoria estratégica, então peço desculpas antecipadas pelo excesso de simplificação.

Dentre tantas escolas estratégicas, existem duas visões que durante muito tempo trabalharam como uma espécie de tese e antítese onde raramente a síntese era conseguida. Na primeira visão, o processo de gestão estratégica deveria se iniciar com um processo de análise do ambiente e da empresa que poderia levar meses para ser concluído, resultando em uma compilação de inúmeras ações que a empresa deveria tomar nos meses ou anos que se seguiriam. Se tudo ocorresse de acordo com o planejado, a empresa conseguiria alcançar os objetivos estabelecidos. A grande marca desse modelo é a clara distinção entre planejamento e implementação, onde primeiro se planeja e depois se implementa.

Em uma segunda visão, as etapas de planejamento e execução não seriam separadas, simplesmente pela crença de que seria impossível dissociar planejamento e execução. Dessa forma, a ideia seria que planos ainda não detalhados seriam implementados, o que geraria inúmeros *feedbacks*, que por sua vez provocariam ajustes nos planos iniciais e esse ciclo continuaria por muito tempo. Seria um misto de planejamento leve com constantes ajustes.

O resultado dessa história é que hoje se entende bem que planos estratégicos muito detalhados jamais serão implementados como concebidos, e ao mesmo tempo empresas que não possuem nenhum tipo de plano também podem se colocar em situação complicada pela total falta de direcionamento.

Antes de chegar ao meu ponto, deixe-me citar um caso. Quando terminei a construção da minha casa, um colega acabara de iniciar a sua. Ele estava realmente orgulhoso do seu trabalho de planejamento e me citou que até os modelos das fechaduras já haviam sido definidos. O mais simples detalhe estava definido, então era apenas uma questão de execução.

40 Manual de Sobrevivência para Gerentes de Projetos

Eu não quis frustrá-lo. Em vez de dizer que as chances de que aquele plano fosse executado como previsto eram mínimas (para não dizer nulas), eu me resumi a comentar: "isso é realmente excelente, mas perto do final da obra você me avisa se deu tudo certo". Bem, não precisou esperar o fim da obra; poucos meses depois ele veio lamentar para mim que teve que mudar inúmeras coisas que estavam planejadas e pensar em outras que não havia previsto. Ele acabou por redefinir padrões de acabamento, medidas e, é claro, os modelos das fechaduras.

O ponto onde eu queria chegar é simples: planejamento muito detalhado ou pura execução sem qualquer planejamento têm se mostrado ineficientes na gestão estratégica das empresas, e esse mesmo cenário se reproduz na gestão de projetos. Os próprios manuais clássicos de gestão de projetos afirmam que um projeto que chega ao seu fim sem nenhuma requisição de mudança provavelmente esconde uma falha muito grande. Já vi gerentes de projetos perderem semanas e trabalharem horas extras para detalhar planos de projetos que eu sabia que jamais seriam seguidos à risca. Esse é o ponto que mencionei anteriormente: o segredo é promover o detalhamento à medida que o projeto avança.

Essa questão do nível do detalhamento vai depender muito do tipo do projeto e principalmente do momento do projeto. Na maioria dos projetos a linha de base de escopo não precisa ser tão detalhada assim, fator que daria certa flexibilidade às equipes e economizaria muito tempo, uma vez que não precisaríamos replanejar tudo a todo o tempo. Não se esqueça de que a única certeza que temos em projetos é que eles vão mudar.

Como disse, também não é prudente sair executando algo que não foi devidamente pensado. Com certeza muitas coisas serão esquecidas, e esse também não deveria ser um caminho a ser seguido. O próximo capítulo, sobre estimativas, mostrará um pouco disso. Não adianta perdermos tempo dando estimativas sobre algo ainda incipiente – mas, por outro lado, quando temos os detalhes, aí sim precisamos nos debruçar sobre o escopo e dar estimativas mais precisas.

Certa vez eu acompanhei um projeto difícil, com escopo muito instável, cuja definição o gerente de projetos mantinha sem maior detalhamento, apenas em grandes blocos. O escopo mudava constantemente, e assim ele economizava bastante tempo não tendo que alterar seu planejamento, o que me parecia muito inteligente. O problema é que o projeto avançou, mas os planos não o acompanharam. O plano permaneceu sem detalhamento no momento em que este passava a ser necessário. Esse projeto acabou gerando muitos problemas de execução, com muitas atividades esquecidas, atividades estas que só poderiam ter sido previstas em um planejamento mais detalhado.

A verdade é que isso parece algo simples, mas não é. Definir o momento ideal para avançar nos detalhamentos demanda muita experiência. Desse modo, use sua experiência e da sua equipe, e defina marcos no projeto sobre quando um detalhamento deveria ser aprofundado. Então, em seu próximo projeto, tente fazer com que seu planejamento acompanhe seu escopo, detalhando as coisas no momento apropriado, para que não se perca tempo nas fases onde as mudanças são mais frequentes, e ao mesmo tempo dando um suporte à execução do projeto em um nível adequado. Essa mistura entre flexibilidade e planejamento é extremamente frutífera, mas precisa ser cuidadosamente dosada.

3.3. Restrições sem criticidade não ajudam em nada

Outro aspecto primordial quando tentamos entender o que um projeto precisa entregar é a questão da criticidade das restrições. Esse assunto não é tão enfatizado na literatura, mas pode ser tão impactante para o desenvolvimento do projeto como a definição do objetivo ou escopo.

Provavelmente você já ouviu a brincadeira sobre comprar um produto ou serviço:

1. O serviço pode ser bom e barato, mas não vai ser rápido.

2. O serviço pode ser barato e rápido, mas não vai ser bom.

3. O serviço pode ser rápido e bom, mas não vai ser barato.

Podemos dizer que esse dilema se aplica à vida dos projetos. Acho incrível quando leio planos de projetos que dizem: "as restrições deste projeto são a qualidade, os custos e o prazo". Sinceramente, uma frase como essa não ajuda em nada, pelo contrário: gera uma enorme confusão. Eu entendo que os clientes querem tudo, mas na prática isso não é possível. Na maioria dos casos, projetos têm restrições que lhes são impostas, muitas delas ligadas ao setor de negócios de que fazem parte. Você consegue pensar em um projeto de aeronáutica que diga que qualidade não é uma restrição crítica? Como ela nem sempre é óbvia, precisa ser informada, mas, por outro lado, clientes têm medo de definir uma criticidade para suas restrições, pois acreditam que, fazendo isso, os gerentes de projetos iriam negligenciar outras áreas. Acreditam que se disserem que a qualidade é a restrição mais crítica, os gerentes de projetos vão gastar como loucos e entregarão fora do prazo. Você pode ainda não estar convencido da importância desse tópico, mas a falta de uma orientação clara sobre a criticidade das restrições de um projeto pode impactar todo o projeto.

Pense em um projeto cuja restrição mais crítica seja a qualidade. Neste cenário, você precisaria alocar os melhores recursos, adquirir as melhores matérias-primas e contratar os melhores fornecedores. Teria também que definir testes mais exigentes e que durassem mais

42 Manual de Sobrevivência para Gerentes de Projetos

tempo. Teria que obter recursos exclusivos (dependendo do porte do projeto) para verificar a qualidade. Isso tudo com certeza teria um impacto nas estimativas de custos e prazo, o que é natural e esperado. Quando se tem uma restrição de maior criticidade, fica muito mais fácil planejar o projeto, uma vez que você tem mais clareza das prioridades e pode então estruturar o projeto de acordo.

Agora pense neste mesmo caso, agora dizendo que a qualidade e o custo são as restrições mais críticas do projeto. Neste caso, que recursos você deveria trazer para o projeto, os seniores ou os juniores? Contratar os fornecedores conceituados ou os de menor custo? Decidir por testes mais extensivos ou mínimos? Deveria contratar alguém para verificar a qualidade ou deveria ter alguém olhando em detalhe os custos? Ou os dois? Ou nenhum? Agora imagine o cenário que citei no início (e que vi inúmeras vezes) no qual qualidade, custo e prazo possuem a mesma criticidade? Bem, nesse caso, boa sorte em entender o que isso quer dizer, porque, sinceramente, eu não tenho a mínima ideia.

A primeira dica que posso dar é que você precisa ter essa questão resolvida logo no início do projeto. Coloque por escrito e de maneira clara qual é a criticidade das restrições do projeto, e não uma frase solta e padrão como: "o prazo, o custo e a qualidade são restrições desse projeto". Mais do que uma simples palavra, a criticidade das restrições tem que ser um texto claro que qualifique e traduza os limites dessa criticidade, como, por exemplo, deixar claro que um aumento dos custos seria aceitável se isso for necessário para cumprir os prazos. E se para cumprir o prazo for preciso comprometer a qualidade? Essa restrição do prazo é absoluta ou existe alguma margem? Eu já tive projetos onde o prazo era algo tão crítico que simplesmente possuía orçamento ilimitado. A mensagem que foi passada desde o início foi muito clara: não importava a quantia gasta, desde que o projeto fosse concluído no prazo.

Já passei por várias situações assim, e quando se questionava o cliente no início do projeto, percebia-se várias vezes que ele mesmo não tinha suas restrições claramente definidas. Após um período rápido de reflexão, normalmente eu tinha uma resposta precisa e tinha estabelecido com o cliente a criticidade das restrições do projeto – e, o melhor, de maneira oficial. Caso o projeto exija ações que fujam ao acordado, você pode criar as margens e os dispositivos que demandam uma intervenção do cliente.

Às vezes essa situação é difícil de ser equacionada, visto que o cliente não tem essas criticidades bem definidas para o projeto, o que não nos proporciona um direcionador claro. Ao mesmo tempo, não é o fim do mundo entrar em um acordo sobre as linhas de base e seguir em frente. Em outros casos é muito simples, visto que a criticidade da restrição é única e extrema, como, por exemplo, em projetos de adequação legal onde seu cliente diz algo do tipo: "não me interessa o quanto vai custar, eu preciso disso implementado até tal data". Não estou dizendo que o projeto será fácil, mas pelo menos você saberá no que se concentrar.

3.4. Não perca o rumo

Quando eu era criança, eu fazia as famosas redações e escrevia excelentes textos que poderiam ficar entre os melhores da turma se não fosse por um detalhe: eu escrevia um excelente texto sobre qualquer coisa que não o tema da redação. Eu até começava abordando o assunto, mas uma frase levava a outra e a outra até que no final eu já estava em um assunto completamente diferente. Eu tive que me disciplinar, e sempre quando ia iniciar um novo parágrafo eu voltava ao título da redação para não perder o foco.

A visão e os objetivos do projeto, assim como o título de uma redação, estão lá para garantir que não percamos o foco. A cada nova etapa deveríamos voltar e olhar de novo a visão e os objetivos e nos perguntar se o que estamos fazendo está realmente contribuindo para entregá-los ou se estamos perdendo o foco. A dificuldade é que, sempre que estamos tão envolvidos com a execução do projeto, corremos o risco de fugir do tema. A visão e os objetivos são nossa bússola. Se esquecermos deles, correremos o risco de fazer uma entrega que perdeu seu alinhamento com o objetivo inicial do projeto e consequentemente seu valor. O gerente de projetos precisa manter a capacidade de ver as coisas de cima e não apenas de dentro. Ele precisa ter a capacidade de se "distanciar" um pouco para olhar o projeto sob outros prismas para ter certeza de que está fazendo a coisa certa.

A velocidade dos negócios está cada vez mais rápida, com um aumento enorme da pressão por resultados. Os projetos sofrem tudo isso, e este ponto é particularmente importante, já que cabe ao gerente do projeto, como comandante do navio, se certificar de que o projeto está navegando na direção certa, apesar das tempestades. Você pode fazer isso de maneira individual, colegiada ou ambas. Na colegiada (a minha preferida) você tem outras opiniões, enquanto na individual cabe ao gerente de projetos exclusivamente conduzir esse trabalho. Eu sugiro que você faça uma reunião de verificação de tempos em tempos para olhar as entregas e checar se estão alinhadas com o esperado.

Agora cuidado. Em muitos projetos os objetivos são estabelecidos não porque precisam ser atingidos, mas porque precisam ser aprovados. É triste, é lamentável, mas é fato. Para passar nos critérios de priorização na camada de portfólio (quando a gestão de portfólio existe), muitos objetivos são estabelecidos e justificados com belos *business cases*. Uma vez que o projeto é aprovado, tudo é esquecido e o verdadeiro projeto começa. Apenas uma gestão de portfólio profissional pode inibir esse tipo de comportamento, já que existe um trabalho profissional de aprovação do projeto além destes serem acompanhados ao longo da sua execução, e não apenas na fase de priorização. Mas quantas empresas possuem uma gestão de portfólio de projetos profissional, não é mesmo?

44 Manual de Sobrevivência para Gerentes de Projetos

Cuidado também com os projetos que precisam entregar um apanhado de coisas desconexas. É isso mesmo que você ouviu: entregas sem relação que são agrupadas em um projeto para que possam ser realizadas. Não sei afirmar o quão frequentemente isso acontece, mas deparei com vários casos ao longo da minha carreira. Basicamente, o que acontece é que o cliente tem várias necessidades e, por entender que um projeto é um bom método para implementá-las, as agrupa e cria um projeto Frankenstein.

Outros casos relativamente frequentes são projetos que sofrem contínuas "ampliações", por assim dizer. Alguns oportunistas de plantão aproveitam um projeto em andamento para incluir coisas no escopo que, na verdade, não fazem muito sentido quando analisamos seu objetivo. O gerente de projetos precisa estar muito alerta a essas solicitações e recusá-las sempre que possível. Para se proteger disso, você precisa ter um foco claro para argumentar que tal mudança não se encaixa no objetivo do projeto.

Tenha em mente que, no final do dia, um projeto precisa criar valor. Se você aceita incluir no escopo entregas que não estão em linha com os objetivos do projeto, então você está desperdiçando energia em atividades que em nada contribuem para o projeto. Salvo por um contexto muito particular, qualquer atividade que não esteja alinhada com os objetivos do projeto deveria ser rejeitada, e o gerente de projeto deveria ser o grande guardião do escopo. Em outras palavras, mantenha-se fiel aos objetivos do projeto para não perder o rumo. Porém, não seja inocente: certifique-se de que esses objetivos foram corretamente definidos, caso contrário você correrá o risco de se manter fiel a um objetivo que pode não levar a lugar algum.

3.5. Planejar não é apenas responsabilidade do gerente do projeto

O gerente de projetos não é o único responsável pelo planejamento. Sim, o gerente de projetos é responsável por consolidar, orientar, organizar, mas as informações que são a base do planejamento são fornecidas por sua equipe e não por ele, e dessa forma é uma atividade de equipe e não única do gerente de projetos. Deixe isso claro e envolva todos nesse processo. No momento de aprovar o planejamento, faça-o de maneira colegiada e compartilhada. Assim todos estarão alinhados e dispostos a ajudá-lo quando os problemas aparecerem.

É claro que existem outras visões, e muitos gerentes de projetos insistem em monopolizar o planejamento do projeto sem envolver sua equipe, às vezes sem mesmo compartilhar o plano realizado. Uma das principais consequências desse isolamento é a falta de engajamento – e, sinceramente, um plano sem o engajamento das pessoas que vão executá-lo não serve para nada. Não cometa esse erro. Construa, atualize e compartilhe seu plano com todos. Não só o plano construído com a participação da sua equipe terá mais credibilidade e contará com o engajamento de todos, como fazendo dessa forma as pessoas assumem uma corresponsabilidade pelo plano e farão de tudo para defendê-lo e para que ele seja executado da melhor maneira possível.

O gerente de projetos não é o dono do projeto, e a verdade é que um projeto precisa funcionar bem mesmo sem um gerente de projetos. Eu explico. O gerente de projetos seria mais ou menos como um maestro. Se você pedir para uma orquestra executar uma sinfonia sem um maestro, sem dúvida eles conseguirão fazê-lo. Porém, com o maestro presente, a execução deve ser bem melhor.

Junto desse planejamento compartilhado vem a delegação. Você precisa confiar na sua equipe não só para compartilhar com eles a tarefa de fazer o planejamento do projeto, mas também para executá-lo. Se você delega atividades para alguém que tenha sido envolvido no planejamento, essa pessoa se sentirá mais confiante e capacitada.

Um bom gerente de projetos consegue se ausentar por algum tempo sem fazer com que o projeto sofra. Porém, tal tarefa só é possível se você compartilhou as responsabilidades e engajou as pessoas, e o plano do projeto é um instrumento muito importante nessa construção. Através do plano, as pessoas aceitam a responsabilidade e, acompanhando-o, elas interagem entre si através de uma base sólida que pode ser melhorada e adaptada a todo momento.

Reforce seu discurso sobre o planejamento e faça com que todos da sua equipe entendam que o planejamento do projeto não é uma exclusividade do gerente do projeto. É claro que o gerente é a grande referência do planejamento e deve coordenar esse processo, mas esse é um trabalho de que todos precisam participar. Sem essa participação, o gerente de projetos pode rapidamente se isolar e perder o controle sobre sua equipe. Quando isso ocorre, a situação só tende a piorar. Eu já presenciei cenários nos quais, dada a centralização exercida pelo gerente do projeto, as pessoas permaneciam apenas porque eram obrigadas e tinham um desempenho muito abaixo do esperado. Não caia nesse erro. O trabalho em grupo não é um simples modismo. As pessoas gostam de se envolver e sentir que são ouvidas. Envolva todos ao máximo na etapa de planejamento e você terá uma equipe muito mais engajada durante todo o projeto.

Em um grande projeto industrial que liderei, para uma grande etapa do projeto felizmente eu contava com um recurso muito experiente. Dada sua experiência, ele fez todo o planejamento da parte pela qual era responsável. Eu o ajudei a revisar e apontei incoerências no plano, mas nesse caso não só eu não fui o responsável como meu papel ficou secundário. Acredito realmente que esse tenha sido um fator fundamental para o seu extremo engajamento ao longo de todo o projeto.

46 Manual de Sobrevivência para Gerentes de Projetos

3.6. Não ceda à pressão

A pressa é inimiga da perfeição, pelo menos é o que diz o ditado popular. Algo normal e esperado é que você sofra, em maior ou menor grau, alguma pressão sobre a duração do projeto. Essa pressão pode começar inclusive ainda na fase de planejamento. Muitos executivos, por desconhecimento, subestimam a importância de um bom planejamento para a efetividade de um projeto. Se você não resistir a essa pressão, as consequências podem ser desastrosas.

Não existe uma solução muito fácil para lidar com isso, a não ser manter sua posição e garantir um tempo adequado para o planejamento. A regra aqui é não ceder à pressão! Finalize seu planejamento no tempo adequado e faça concessões desde que elas não comprometam a qualidade dos seus planos. Para isso, algo que pode ajudar é mostrar com fatos o que pode ocorrer se essa etapa for negligenciada. Deixe claro que de nada adianta avançar em um projeto com um plano mal feito, pois o preço a ser pago em termos de eficiência e qualidade pode ser enorme.

A etapa de planejamento é importante porque não só explicitamos o que vamos fazer como fazemos o que gosto de chamar de "limpeza dos trilhos", etapa que será fundamental para o sucesso do projeto. Essa "limpeza" basicamente consiste em antecipar e resolver inúmeros problemas ainda em fase de planejamento. Para citar um exemplo concreto, na fase de planejamento você pode já negociar com os gerentes de área a participação dos recursos que você entende que são os melhores para atuar no seu projeto. Dessa forma, sua viagem começará com os trilhos limpos e você não terá que parar logo após sua partida.

Às vezes, deparamos com uma pressão muito grande para iniciar um projeto que na verdade já foi iniciado. É isso mesmo que eu disse: é relativamente normal o fato de alguns projetos iniciarem formalmente quando parte do escopo já avançou, o que gera ainda maior pressão sobre a fase de planejamento. Nesse momento, o gerente de projetos experiente sabe que, se ele se deixar levar pela inércia, pode sofrer muito em breve as consequências, e o aconselhável, mesmo que o projeto já tenha iniciado, é reduzir sua velocidade ao máximo, principalmente sobre as ações mais impactantes, e voltar ao planejamento. Claro que o bom-senso é fundamental, e você não precisa ser extremo e congelar tudo por dois meses (apesar de eventualmente ser necessário). Meu conselho é que você faça um inventário das ações em andamento e discuta com sua equipe o que pode continuar sendo executado mesmo que o planejamento tenha ainda que ser construído. Dependendo da natureza do projeto, várias ações poderão continuar sem maiores problemas. Em outros casos, tudo precisará ser parado por algum tempo. Apenas você e sua equipe conseguirão fazer tal análise.

Uma alternativa é separar o escopo do projeto, avançando mais rapidamente na parte que está em andamento e dedicando mais tempo à parte que necessita de mais estudos. Para isso, as partes do escopo precisam ser relativamente independentes; caso contrário, você se encontrará com um problema maior ainda. Deixe-me dar um exemplo.

Essa sugestão se aplica igualmente para projetos que ainda não foram iniciados. Negocie com seus *stakeholders* e, quando possível, separe o escopo iniciando pela parte mais conhecida e dedicando mais tempo à parte que demanda mais reflexão. Você não precisa ter a conclusão dos projetos elétricos de uma casa para iniciar a preparação do terreno para a obra. Por mais que a etapa de preparação do terreno não tome muito tempo, essas semanas podem ajudá-lo muito a refinar os outros planos, enquanto você não perde tempo na execução. Eventualmente, durante o projeto precisamos recuperar atrasos de semanas ou mesmo dias, então não faz sentido você perder tempo no início com atividades que não estão relacionadas. De novo deixo o alerta: tenha certeza absoluta de que nesses casos os escopos são realmente independentes. Antecipar algo pode custar muito caro no futuro, restringindo suas opções em outras etapas, ou, no pior cenário, até mesmo inviabilizando as futuras etapas.

Agora, se a pressão para iniciar um projeto (ou parte dele) é grande, e você vê riscos de possíveis retrabalhos ou outros impactos, existe uma saída muito simples que eu utilizo com relativa frequência. Documente sua análise e mostre claramente os riscos envolvidos em antecipar o início de parte do projeto prematuramente. Fazendo isso você traz clareza para os decisores do projeto, e isso é um bom exemplo de como o gerente de projetos pode ajudar os responsáveis pelas decisões do projeto. Se após essa análise seu comitê ainda optar pela antecipação, então que assim seja. Se amanhã os problemas que você previu acontecerem, você poderá facilmente prever ações corretivas cujos impactos serão aceitos pelo seu comitê pelo simples fato de eles já terem sido avisados. Essa não é a melhor alternativa, já que o melhor seria aguardar a maturidade do planejamento. Porém, se não existe opção, ela pode funcionar muito bem.

3.7. Combine antes com o zagueiro

Chegamos a um ponto absolutamente fundamental nessa história. De nada adianta você ter um planejamento detalhado se não conseguiu o apoio de todos os *stakeholders* direta ou indiretamente envolvidos. É mais ou menos a história sobre o zagueiro russo. Diz a lenda que o técnico da seleção brasileira pediu a Garrincha para planejar uma jogada que envolvia entrar na área, driblar o zagueiro russo e tocar para Vavá fazer o gol. O plano parecia bom, até que Garrincha fez a pergunta mais importante: "eu entendi, treinador, mas, só pra ficar claro, você combinou com os russos, certo?". Simplesmente genial. A história tem várias versões e virou até mesmo uma expressão popular para quando algo falha, porque uma parte do plano não foi combinada devidamente com todos os envolvidos.

48 Manual de Sobrevivência para Gerentes de Projetos

Um exemplo concreto é a disponibilidade da sua equipe. No processo de selecionar minha equipe e confirmar sua disponibilidade, eu utilizo o sistema disponível para tal, mas antes disso, converso com cada pessoa e, depois de seu acordo, confirmo sua disponibilidade com seu gerente. Fazendo dessa maneira tenho poucas surpresas, e dificilmente problemas com recursos que deixam o projeto ou que não estarão disponíveis no tempo acordado. De nada adianta ter um plano detalhado se ele não é crível por não ter sido compartilhado e confirmado por todos os envolvidos. Portanto, não faça nada antes de combinar com os russos.

Ainda sobre isso eu tenho um exemplo recente que vivenciei. Fui convidado para participar de um projeto sobre métodos de gestão de custos para gerentes de projetos, mas participei como especialista da área e não como gerente do projeto. O projeto avançou lentamente e, apesar dos grandes objetivos, o caminho para atingi-los não estava muito claro. Na sua etapa final, a solução encontrada foi a criação de uma ferramenta de suporte ao gerente de projetos que seria baseada em uma planilha eletrônica ligada diretamente ao SAP. Em uma das últimas reuniões do projeto, nos foi apresentada a tal planilha com todas as suas funcionalidades, que parecia bastante prática e resolvia grande parte dos problemas relativos à gestão de custos. Tudo parecia caminhar para um final feliz até que um problema apareceu. O protótipo apresentado tinha sido desenvolvido com base em extrações de dados com intervenção manual, e não através de uma interface direta entre a planilha e o SAP. A surpresa veio quando se tentou avançar para integrar a tal planilha ao SAP, o que não foi possível por questões técnicas. Dessa forma, depois de um ano e meio e bastante dinheiro gasto, o projeto foi colocado em pausa, dado que uma peça importante da solução não havia tido sua viabilidade confirmada com antecedência. A falta de uma conversa com os zagueiros da equipe SAP custou muito caro.

Em outro caso, acompanhei certa vez um gerente de projetos trabalhar em um planejamento que envolvia cerca de sessenta pessoas que iriam participar de uma etapa crítica do projeto durante o próprio período de férias. Tudo parecia estar correndo bem, salvo pelo fato de que esses recursos não tinham sido contatados previamente. No momento em que foram comunicados, bem, a coisa ficou feia. As pessoas se sentiram excluídas porque sequer foram consultadas, e a resistência foi enorme. Em uma das reuniões que se seguiu, a coisa ficou tão tensa que o gerente de projetos chegou a afirmar que eles deveriam estar disponíveis, visto que ele tinha tido a concordância de determinado diretor. Nesse momento uma pessoa disse que o tal diretor não era seu chefe e, sendo assim, ele não estaria disponível.

Para mim tudo isso é bastante compreensível. Coloque-se no lugar de uma pessoa que, durante uma reunião, é informada que deveria participar de uma etapa do projeto, em outro país, e durante as férias? Agora imagine que essa mesma pessoa é contatada pelo gerente de projetos, que explica a situação, pergunta se ela poderia ajudar no projeto durante as férias, e que tipo de ajuda precisaria para poder se liberar. Não estou dizendo que por você fazer a coisa certa você terá sempre respostas positivas. O que estou dizendo é que fazendo a coisa errada a tendência natural é que você quase sempre receba respostas negativas às suas solicitações.

É verdade que conseguir esse engajamento não é tarefa fácil, e o gerente de projetos precisará negociar com dezenas, às vezes mesmo centenas de pessoas. O fato é que não existe outra saída a não ser arregaçar as mangas e ir ao trabalho. Falamos tanto que um gerente de projetos trabalha mais de 80% do seu tempo se dedicando à comunicação, e este é um exemplo disso. Dependendo da estrutura que você definiu para o seu projeto, é possível delegar parte dessas negociações, mas é preciso ter plena confiança em quem vai desempenhar tal tarefa. Em meus projetos eu delego constantemente essas atividades para minha equipe-núcleo, o que tem funcionado muito bem, mas apenas porque me cerco de pessoas competentes.

Esse alinhamento com as pessoas faz parte da boa política, e o gerente de projetos é o grande ator dessas atividades. Não raro passo uma semana inteira apenas negociando recursos, explicando ações com envolvidos, angariando apoio para o projeto, negociando mudanças, entre tantas outras atividades. É algo que consome muito esforço, mas os benefícios compensam cada minuto investido. Então, da próxima vez que você quiser aplicar uma goleada de dez a zero em outra equipe, lembre-se do nosso querido Garrincha.

3.8. Você não está esquecendo alguma coisa?

Outro fator que é extremamente crítico, mas que eventualmente ocorre principalmente entre gerentes de projetos menos experientes, é a construção de planos incompletos. Alguns gerentes de projetos ficam tão concentrados nas atividades-núcleo do projeto que perdem a visão periférica e acabam por concluir planos de projetos que são até bem construídos, mas que, por estarem incompletos, perdem todo o seu valor.

Para entendermos melhor essa situação, imagine um programa hipotético de fusão de duas montadoras. Você ficou responsável pelo projeto de fusão das concessionárias. Partamos do princípio de que você já tenha a lista precisa das concessionárias que deverão ser fundidas cidade por cidade. Se pensarmos nas atividades centrais dessa fusão, poderíamos dizer que existem grandes pacotes de entregas como a mudança física da concessionária, que deveria contemplar questões mercadológicas e funcionais. Em outro pacote teríamos os novos processos que seriam implementados e, portanto, precisariam estar totalmente documentados e disponíveis para consulta. Outro grande pacote seria a mudança da infraestrutura de informática e a implantação de novos sistemas. Sem esses grandes pacotes não seria possível fazer a fusão e por isso eu os chamei aqui de escopo-núcleo. Alguns projetos encerrariam nesse momento o planejamento, que, infelizmente, estaria incompleto.

50 Manual de Sobrevivência para Gerentes de Projetos

Por incompleto quero dizer que este projeto não contemplou aspectos essenciais, como, por exemplo, incluir um grande pacote relativo às pessoas. Inúmeras etapas de apresentação, conscientização e treinamento intenso deveriam existir para dar suporte a todos os outros aspectos da mudança. Sem isso, não há como o projeto ser bem-sucedido, ou, como uma amiga minha costuma dizer, "não tem risco de dar certo". Porém, se você incluir esse pacote e construí-lo de maneira competente, as suas chances de ter um projeto bem-sucedido aumentarão consideravelmente.

Porém, não raro os pacotes que mencionamos podem ainda não ser suficientes, e você precisará saber exatamente onde está pisando para definir suas ações à altura. Projetos como este carregam fortes elementos de mudança cultural. Projetos de fusão sofrem constantemente de problemas de integração entre as equipes envolvidas. Dependendo da motivação para tal fusão, os ânimos podem não ser os melhores, como nos casos de aquisição à revelia, onde os "conquistados" podem guardar enorme mágoa dos "conquistadores". Você precisa sentir a temperatura e entender bem, contemplando boa parte do seu plano com ações precisas para abordar o problema. Nesse pacote, além de simples reuniões de apresentação da nova organização, você deveria incluir ações concretas de integração de equipes. Atividades recreativas fora do ambiente de trabalho, atividades de *team building*, jantares de confraternização, entre inúmeras outras ações, deveriam fazer parte do seu escopo. Sem isso, seu projeto pode até ser concluído, mas com muito mais desgaste, durando muito mais tempo e custando muito mais.

Cuidado para não se concentrar demais no escopo-núcleo de um projeto e perder a visão periférica. Cada projeto pode exigir um planejamento em áreas que você não julgou necessárias ou importantes no princípio. Então, além de proceder de maneira competente na construção do seu escopo, certifique-se de que não está esquecendo nada. O melhor caminho para garantir que você previu tudo que precisava é confiar na experiência das pessoas, inclusive a sua. Para isso, utilize seus *stakeholders* de várias áreas do projeto, apresente seu plano e pergunte objetivamente se algo está faltando. Depois de algumas rodadas você não só terá um escopo mais completo, como também se sentirá mais confiante.

Confie muito nas pessoas, mas confie muito em você também. Eu já promovi atividades como essas no passado e, apesar de muitas contribuições, pontos importantes que eu previ não foram contemplados por outros. Dependendo da complexidade do seu projeto e do nível de experiência interna, recomendo fazer inclusive alguma verificação externa. Não é algo muito comum, mas pode ser vital. Recorra à sua rede de relacionamentos para conversar com colegas que eventualmente dominem bem a área do projeto em questão. Se não encontrar uma boa referência, tente fazer um *benchmarking* formal para se aproveitar de experiências externas. Nada como ter boas dicas de alguém que já passou pelo seu problema dezenas de vezes.

A arte de planejar 51

Um último ponto importante que vai ajudá-lo a ver se você está esquecendo algo ou não é saber quando o projeto acaba. É isso mesmo que você leu. A fronteira de até onde vai um projeto, e automaticamente o que faz parte dele, não é sempre clara. Peguemos um exemplo de um projeto de desenvolvimento de software. Você deveria contemplar no seu planejamento atividades de treinamento para os usuários do novo sistema? Pegando carona no exemplo de TI, quem é o responsável por desmontar a estrutura do software antigo? Se voltarmos ao exemplo da construção, quem deve fazer a limpeza da obra após o seu término? Os defeitos que eventualmente aparecerem pós-término de obra deveriam ser direcionados a você ou à equipe de manutenção? Se para você, durante quanto tempo?

A resposta para todas essas perguntas é: depende do que foi acordado. Se foi formalizado que você é o responsável, então sim; caso contrário, não. Respostas a perguntas como essas não estão nos livros porque elas não existem. O escopo e as fronteiras de um projeto são resultado de negociação e acordos. Mas atenção às atividades do fim do projeto, porque se algumas coisas obviamente fazem parte do projeto (tendo elas sido escritas ou não), outras necessitam ser formalizadas. E mesmo as coisas óbvias, não deixe de documentá-las.

Por eliminar ainda possíveis espaços que tenham sido deixados para interpretação, uma ação que pode ser de extrema ajuda é a definição do que está fora do escopo. Às vezes, a definição do que é escopo é mais bem entendida quando se tem claro o que não faz parte do escopo. Pense, em seu próximo projeto, não apenas em definir o que deverá ser entregue, mas também o que não deverá. Você irá perceber como essa atividade pode contribuir enormemente para esclarecer as responsabilidades sobre as entregas e ajudá-lo a não esquecer de nada.

3.9. Proteja o seu plano

Agora vamos falar de um ponto crítico que afeta inúmeras áreas de um projeto e com o planejamento não poderia ser diferente: a gestão das requisições de mudança. É muito complicado planejar algo que fica mudando a toda hora. Escopos que ainda estão sendo discutidos devem ser planejados em um alto nível, já que é certo que em breve eles sofrerão mudanças e você não quer refazer um plano inteiro e detalhado a todo o momento.

O que eu aconselho é simples: na fase de planejamento você não precisa formalizar mudanças como regra, já que não existe um compromisso de prazo e custo (apesar de isso ser relativo), mas é importante evoluir no detalhamento à medida que o escopo se estabiliza, para não refazer seu plano toda semana. As discussões vão avançar, o escopo será cada vez mais detalhado e em algum momento ele atingirá um nível de maturidade que vai permitir seu "congelamento" – e, por conseguinte, o estabelecimento das *baselines* de escopo, custo e prazo.

52 Manual de Sobrevivência para Gerentes de Projetos

A partir desse momento, todas as mudanças no escopo deverão ser geridas de maneira mais formal e rígida através de um processo de requisição de mudança.

Mesmo que o método de gestão de projeto que você utiliza não defina essa fronteira, você precisará estabelecê-la e comunicá-la. Faça uma reunião, apresente suas linhas de base e a partir daí deixe claro e formalizado que qualquer mudança deverá ser analisada e tratada como uma requisição de mudança. Em algumas empresas, a cultura de gestão de projetos não considera essa questão, e o escopo do projeto nunca é estabilizado, tornando-se um eterno projeto de planejamento e ajustes que causa problemas de escopo, prazo e custo. Ninguém quer um cenário desses com um projeto sem referência de escopo, prazo ou custo.

O problema é que existe uma tendência natural de tratarmos com mais cuidado as mudanças em tempo de planejamento que em tempo de solicitação de mudança. Minha hipótese para esse comportamento é que, quando estamos na fase de elaboração do planejamento, nos encontramos muito envolvidos com o plano do projeto, analisando diariamente tarefas e prazos. Quando algo muda, nós rapidamente conseguimos ver seu impacto e ajustar o plano, além de o fazermos com menos pressão, uma vez que ainda não entramos na execução e, sendo assim, ainda não temos o comprometimento com as linhas de base.

Quando estamos em velocidade de cruzeiro, quando os planos foram concluídos e pendurados em uma parede e surge uma necessidade de mudança, a sua análise tende a ser menos profunda do que quando estamos no meio do planejamento, e essa é a grande armadilha. A atenção às mudanças deveria ser tão grande ou até mesmo maior que os ajustes em tempo de planejamento. Uma simples mudança negligenciada pode comprometer todo o seu planejamento, o que é lamentável. Mesmo um bom plano pode se tornar completamente desatualizado, e até perigoso, se as mudanças não forem tratadas adequadamente.

No outro extremo, alguns gerentes de projetos, temerosos em mudar seus planos tão "bem elaborados e perfeitos", acabam sendo muito exigentes e inflexíveis para aceitar requisições de mudanças. O que posso dizer sobre isso é que um plano será sempre um plano e nunca será perfeito. Pode ser que a mudança seja uma correção relevante para algo de errado com o plano ou mesmo uma oportunidade de ganhar tempo, reduzir escopo, etc. Meu ponto aqui é que controlar mudanças de maneira formal é completamente diferente de rejeitar ou resistir a mudanças, ou mesmo transparecer ao cliente essa sensação. Tanto a falta como o excesso de rigor no tratamento das mudanças pode ser prejudicial para o projeto. Tente achar um meio termo e siga seu processo de maneira imparcial.

Independentemente do método de gestão de projetos usado, é fundamental avaliar os impactos das mudanças solicitadas, comunicá-los ao cliente e em seguida aprovar as alterações de maneira formal.

A arte de planejar 53

Em um processo ideal, o cliente um dia marca uma reunião, explica detalhes de alguma mudança que ele deseja, você em seguida reúne sua equipe, analisa a solicitação do cliente e o informa dos impactos em custo e prazo de tal mudança, bem como outras considerações. O cliente, na sequência, aprova formalmente a mudança e você estabelece as novas linhas de base do projeto. Como seria bom se fosse sempre assim! Infelizmente, raríssimas vezes esse processo ocorre de forma eficiente e sem maiores dificuldades.

A coisa já começa errada normalmente na origem. Muitas vezes seu cliente não faz uma requisição de mudança (apesar de ela existir), e cabe a você enquanto investigador, digo, gerente de projetos, descobrir que existe uma mudança em andamento. É triste, mas os gerentes de projetos precisam monitorar seus projetos procurando por "mudanças ilegais de escopo". Muitos clientes, por desconhecimento, excesso de trabalho ou má intenção, não irão solicitar uma análise de mudanças, mesmo quando elas já ocorreram.

Imagine que você é o responsável pela construção de uma residência e o seu cliente decidiu mudar o tipo de piso da sala. Ele pode solicitar uma reavaliação de orçamento e prazo, assim como pode também falar diretamente com o mestre de obras. Muitos vão optar pela segunda opção, e às vezes você só irá saber da mudança quando já for tarde. Veja que não estou falando apenas em perder dinheiro, uma vez que mudanças podem gerar até mesmo economias. Mas qualquer mudança que não foi devidamente tratada pode ter impactos desastrosos.

Uma grande parte das mudanças em projetos pula a etapa inicial de solicitar a mudança, passando a ser parte do escopo sem qualquer tipo de aviso. Normalmente, você conseguirá detectar essas mudanças com certa facilidade, através do monitoramento das atividades do projeto, mas o que eu aconselho como reforço a esse controle é criar um entendimento com sua equipe. Qualquer mudança no projeto precisa ser imediatamente comunicada para ser analisada. Clientes não conseguem entender que mudanças sem análise podem ter consequências desastrosas e então cabe a você se proteger. Um simples atraso de uma semana na implantação do projeto pode não ser nada ou pode significar a inviabilização da implantação do projeto. Para sobreviver a esses casos recorrentes, mantenha um bom monitoramento do escopo e prepare sua equipe para ser vigilante sobre o tema.

Uma vez que a mudança foi solicitada ou detectada, informe seu cliente formalmente que tal mudança está em análise e trabalhe com sua equipe para avaliar todos os impactos possíveis. Esse processo normalmente exigirá esclarecimentos adicionais com o cliente e alguma negociação, e por isso é importante envolver seu cliente de maneira adequada. Se não for possível atendê-la, tente mostrar alternativas viáveis, mas sempre o faça envolvendo ao máximo seu cliente. Você precisa criar esse envolvimento, pois, caso contrário, não conseguirá todas as informações de que precisa e pode correr o risco de propor algo que seu cliente não irá aceitar. Existe um efeito colateral bem positivo e raramente falado: envolvendo seu cliente

54 Manual de Sobrevivência para Gerentes de Projetos

nas análises das mudanças, este naturalmente irá tomar consciência de sua amplitude e estará mais propenso a aceitar seus impactos ou cancelar a solicitação.

Com a análise da mudança concluída, qual deveria ser a próxima etapa? Se você respondeu "comunicar o cliente", faça uma visita ao capítulo sobre governança. Se você respondeu "envolver os *stakeholders* internos e principalmente os decisores do comitê" então pode seguir adiante. Lembre que fui enfático sobre nunca deixar ninguém no escuro e envolver todos o máximo possível, e esse caso não é uma exceção. Nunca apresente propostas de mudança para seu cliente sem que seu comitê ou as pessoas responsáveis pelo seu projeto estejam cientes. Se alguma coisa der errada e o assunto for escalado, eles estarão cientes, visto que não só concordaram como aprovaram a mudança internamente. Com a mudança bem entendida e aprovada internamente, aí sim você pode contatar seu cliente.

Com a análise concluída, aprovada internamente e apresentada ao cliente com os devidos impactos previstos, alguns ajustes ainda podem ser negociados, mas em algum momento você vai precisar do aceite formal por parte do cliente, caso contrário não poderá implementá-la. Esse aceite irá variar de acordo com o método de gestão de projetos vigente e o contexto. Em certos casos, um simples e-mail pode ser suficiente. Em outras situações, uma assinatura em um documento impresso, e eventualmente um adendo em um contrato, poderá ser necessário. O importante é formalizar a aprovação através de algum documento. Às vezes, apenas isso poderá garantir sua sobrevivência no futuro.

E, por favor, se você ainda não atua como acabei de descrever, então comece. Gerenciar as mudanças de maneira profissional é essencial para proteger seu planejamento, e é muito triste ver um bom planejamento ser perdido porque não foi protegido de maneira adequada. Não subestime esse ponto se você quiser sobreviver.

3.10. E quando o portfólio de projetos não faz seu trabalho?

Você poderá ter surpresas em seu planejamento, não necessariamente pelo desalinhamento entre o projeto e as necessidades da organização, mas talvez entre o seu e outros projetos. Apesar de querer muito falar de gestão de programas e portfólio de projetos, para proteger o escopo deste livro irei me conter, mas não posso deixar de citar esse ponto que pode ser fatal para um projeto.

Eu brinco sempre (com um fundo de verdade) afirmando que projetos drenam recursos das organizações. Eles consomem recursos, dinheiro e tantas outras coisas. Já falamos disso em outros contextos, mas o ponto aqui é que muitas vezes concorremos com outros projetos nesse processo de disputa por recursos. No mundo ideal você não deveria se preocupar muito com isso, já que todos os projetos estariam bem organizados em um portfólio que controlaria suas relações evitando conflitos de agenda e recursos, por exemplo. Mas isso é no mundo ideal dos livros, e não no real.

Se você não tiver a sorte de estar em uma organização que faça essa gestão de programas e portfólio, então você terá que se esforçar para proteger seu projeto. Pense aqui realmente em sobrevivência e garanta os recursos necessários para seu projeto se desenvolver de maneira saudável. O orçamento aprovado não deveria ser um problema, salvo em uma nova priorização na camada do portfólio. Agendas para implantação ou lançamento do produto do seu projeto, por outro lado, podem ser problemáticas e precisam ser reservadas com muita antecedência. Mas talvez um dos pontos mais complicados nessa briga por recursos seja garantir o engajamento das pessoas.

Organizações mais maduras possuem um sistema de reserva de recursos, e, sendo assim, você não enfrenta muitos problemas de conflitos inesperados, já que dispõe de antemão da visão dos recursos disponíveis. Você pode não estar contente com o que tem, mas pelo menos tem uma boa visão das pessoas disponíveis. Agora, quando isso não existe (e infelizmente essa é a regra), você precisará tentar garantir que seus recursos não deixem seu projeto, e usei a palavra tentar porque você nunca terá garantias, mesmo nas empresas mais maduras.

Para minimizar a perda de recursos, crie um documento oficializando a quantidade de tempo e o período no qual você precisará do recurso em questão, e colha a assinatura dele e a do seu gerente. Além disso, confirme com alguém de alto nível da hierarquia da sua governança a importância de não perder recursos e peça ajuda para protegê-los. Um *chair person* ou *sponsor* forte pode ser de extrema valia nesse processo. Isso pode ajudar, mas não garantir que você terá os recursos necessários, portanto prepare-se para brigar quando outro projeto tentar "roubar" recursos seus, e esteja preparado para perder. Se um projeto prioritário, como uma demanda legal, por exemplo, aparecer, não adianta mostrar um documento assinado porque você terá que ceder recursos de qualquer forma.

Talvez mais do que a formalidade, a boa política pode ajudar ainda mais. Pense no outro lado e que eventualmente você precisará "roubar" o recurso de alguém. Se você tiver um histórico de compartilhar recursos, provavelmente conseguirá algo; caso contrário, prepare-se para um "não" e uma porta fechada. Eu sempre que posso compartilho recursos e sempre que preciso recebo ajuda. Essa é uma prática normal, já que projetos precisam sempre em algum nível competir por recursos e compartilhar. Um pouco paradoxal, talvez, mas é a realidade.

A falta de uma presença mais atuante da camada de gestão do portfólio de projetos pode contribuir para criar situações complicadas nessa distribuição de recursos. O principal impacto é que tudo isso toma um ar mais político do que deveria. Quando se tem um portfólio

56 Manual de Sobrevivência para Gerentes de Projetos

de projetos atuante, seu projeto tem seu nível de prioridade definido e pronto. Quando esse fator não existe, não necessariamente os projetos críticos terão prioridade sobre o seu. Isso pode acontecer, por exemplo, dependendo da diretoria na qual o projeto está alocado. Diretorias fortes conseguem mais recursos e mobilizam com mais facilidade recursos para determinado projeto quando entendem que é necessário. A melhor solução para isso é ter uma camada de gestão de portfólio bem implantada com uma forte governança, caso contrário a disputa por recursos será um elemento adicional na sua agenda.

A falta de garantia de recursos não é o único problema que você enfrentará se uma camada de portfólio estiver ausente. Janelas para implantação de recursos é um exemplo da utilidade de controles e sincronizações do portfólio. Outro problema complicado é a dependência de projetos. Quando um projeto depende da entrega de outros projetos, então este deveria ser avisado regularmente do que está acontecendo com o outro projeto – e de novo isso deveria ser responsabilidade do portfólio.

O fato é que esses problemas são recorrentes quando a gestão de portfólio não existe, o que vai gerar um grande trabalho extra, porque você terá que cobrir essa lacuna. Seja na negociação de recursos, seja negociando janelas para etapas do projeto ou dependências de entregas, você terá que estabelecer uma rede com os outros gerentes de projetos para negociar essas questões e desenvolver um jeito de se manter atualizado. Quando tiver problemas, terá que escalar ao seu comitê do projeto. Na ausência de um portfólio, isso terá que continuar pela organização, com muita perda de tempo. Realmente, não é o cenário ideal, mas quando o portfólio não existe ou não faz o seu trabalho, bem, nesse caso você tem que fazer.

4

A dura tarefa de fazer estimativas

4.1. Estimativas existem para serem cumpridas

Certa vez conversei com um amigo executivo que estava encarregado de coordenar a abertura de cem novas unidades em uma franquia do setor de alimentos onde ele trabalha. Perguntei a ele (já sabendo a resposta) se existia alguma estrutura de gerenciamento de projetos, programa ou portfólio envolvido. É claro que ele respondeu não.

As razões pelas quais essas empresas não utilizam a gestão de projetos para coordenar uma entrega tão grande como essa são as mais variadas possíveis. Às vezes é por mero desconhecimento, e continuam fazendo como sempre fizeram. Eventualmente é porque não conseguem enxergar valor em realizar um trabalho como esses através de projetos. Bem, você poderia concordar comigo e dizer que é obvio que a gestão de projetos e portfólio é extremamente adequada em um contexto como esses. Apesar de agradecer sua solidariedade ao concordar comigo, eu mesmo não tenho tanta certeza e vou explicar por quê.

O grande pilar que orienta toda a estruturação de uma empresa e seus processos é a geração do lucro. Portanto, em tese, tudo que fazemos deveria buscar a geração de valor para a empresa. A gestão de projetos não é uma exceção a essa regra e deveria igualmente gerar valor. O problema é que se a geração de valor através da gestão de projetos não é tão explícita, os seus custos são. Gerir uma atividade através da gestão de projetos adiciona processos, tarefas e a necessidade de uma equipe de projetos – ou, do ponto de vista financeiro, custos.

58 Manual de Sobrevivência para Gerentes de Projetos

A única coisa que justificaria a utilização da gestão de projetos dentro dessa lógica capitalista é o fato de conseguirmos provar que, através dela, nós não só compensamos os custos extras intrínsecos de um projeto, como geramos ganhos adicionais em função de uma maior eficiência da entrega. Em outras palavras, sai mais barato gerir algo utilizando um projeto para tal. Mas a eficiência é algo que depende de resultados, e, no caso de projetos, estamos falando de estimativas. Sendo assim, podemos entender que as estimativas são a base para avaliar o desempenho de um projeto. Tanto isso é verdade que é com base nelas que projetos são aprovados ou recusados ainda na sua fase de iniciação.

De nada adianta darmos belas estimativas para um projeto se depois não conseguimos atingi-las. Os projetos mostram valor e assim justificam a sua necessidade através de resultados concretos que deveriam estar em linha com as estimativas fornecidas, já que é com base nelas que a eficiência de um projeto será avaliada. Dessa forma, projetos precisam ser muito eficientes para continuar a existir. E já que as estimativas são uma parte importante dessa equação, elas precisam ser muito bem elaboradas e comunicadas, mas, como veremos mais adiante, esta é uma tarefa muito mais complicada do que pensamos.

Quando elas não são respeitadas, o desempenho do projeto é afetado, a ponto às vezes de não ser justificado. Claro que aí entra a questão dos *sunk costs* (custos afundados) e normalmente os projetos continuam, salvo em casos extremos. Mesmo que eles continuem, ao seu final fica evidente que o projeto foi um fracasso e não deveria ter sido realizado. Se o portfólio não exercer um controle efetivo sobre os projetos para assegurar sua eficácia, situações como essas podem se tornar rotineiras. Eu já vi casos em que projetos forneciam estimativas promissoras no início para serem aprovados, mesmo quando sabiam que elas não eram reais. Isso é muito mais comum do que imaginamos.

Projetos precisam resolver um problema (no sentido amplo) e para isso requerem investimento. As estimativas são os instrumentos que usamos para ver se esse equilíbrio entre investimento e resultado existe – caso contrário, o projeto não deve ser executado. Seu projeto precisa entregar valor, mas se ele não consegue se manter em linha com as estimativas fornecidas, então esse valor não será entregue, e o projeto perderá a sua razão de existir.

Agora me deixe fazer um contraponto para você refletir. Eu sou defensor da eficiência econômico-financeira de projetos e acredito que essa rigidez deva existir na maioria dos projetos. Pensemos no exemplo onde uma empresa precisa tomar a decisão entre reformar um maquinário existente *versus* comprar um novo. Imaginemos que, apesar de a opção de compra de maquinário novo ser melhor tecnicamente, o *business case* (validado pelas estimativas do projeto) mostrou que a reforma custaria 40% menos que a compra do novo equipamento, e por isso foi a opção escolhida. Nesse caso, não é óbvio que qualquer derrapagem em custos poderia comprometer o sucesso do projeto? Imagine que esse projeto gastou 50% mais que o previsto. Nesse caso ele inviabilizou uma solução melhor ao não conseguir cumprir as estimativas do projeto.

A dura tarefa de fazer estimativas 59

Mas será que o cumprimento das estimativas deveria ter tanta rigidez em todos os contextos? Será que o projeto do iPhone custou o mesmo que inicialmente previsto? Será que se tivesse custado dez vezes mais ainda assim não teria sido considerado um sucesso? Mas, independentemente do sucesso, alguém conhece o nome do gerente do projeto?

É mais que conhecido o colossal fracasso de estimativas no projeto da Ópera de Sydney. Será que isso foi realmente importante em face da beleza da obra que virou um ícone nacional e orgulho para todos os australianos? O projeto da Ópera de Sydney foi um notório e colossal fracasso, enquanto o produto foi um retumbante sucesso. Mas o mérito do produto é do projeto? Ou o projeto seria apenas um meio para entregar algo que seria um sucesso visionário de qualquer forma? Será que as estimativas realmente importam (pois, afinal de contas, estamos falando de dinheiro público)? Os australianos saíram às ruas para protestar?

A quem cabe a culpa ou o mérito dessa decisão? Será que o gerente de projetos da Ópera de Sydney foi idolatrado ou demitido? Será que essa é uma escolha a que todos os gerentes de projetos estão sujeitos, quando precisam decidir entre cumprir estimativas ou entregar algo excepcional?

Honestamente, já vi os dois mundos. Mesmo em empresas rígidas no controle de suas estimativas, vi projetos que custaram o dobro receberem homenagens quando conseguiram fazer entregas onde outros falharam. Mas será que os outros não falharam apenas porque seguiram o método vigente e ficaram presos às estimativas?

Em sua carreira, sem dúvida existirão momentos em que terá que escolher ficar preso às suas estimativas ou realizar algo excepcional. Você terá que tomar decisões difíceis. Use sua governança quando ela existir, entenda seu contexto e faça suas escolhas. Sou defensor da eficiência financeira de projetos, mas entre cumprir estimativas e realizar algo excepcional, eu tenderia ao segundo. O gerente de projetos da Ópera de Sydney sempre será lembrado por ela, independentemente do seu desempenho em custos ou prazo. Apenas certifique-se de que essa escolha não trará péssimas consequências para você, porque, no final do dia, após o fim de um projeto, precisamos ter certeza de que teremos um próximo.

Uma última ressalva: existem projetos imunes a avaliações econômico-financeiras. Como é que é? É isso mesmo que você acaba de ler. Alguns projetos existem exclusivamente para entregar uma adequação mandatória de origem legal (ou, ainda mais raramente, de origem corporativa). São projetos mandatórios nos quais a organização não tem opção senão investir, e, portanto, nem faria sentido avaliar sua viabilidade financeira. Mas, adivinha só: isso não é cheque em branco para gastar o quanto se queira. Muito pelo contrário: o foco passa a ser minimizar o investimento para sobrar mais recursos para projetos que realmente tragam valor estratégico para a organização. Nesse contexto, você frequentemente passa por uma das duas situações: a) ganha um teto orçamentário que será imposto e/ou contraposto com suas estimativas; b) tem suas estimativas enxugadas sucessivamente até o osso.

60 Manual de Sobrevivência para Gerentes de Projetos

Moral das histórias: não importa o resultado, o gerente do projeto sempre será cobrado por suas estimativas.

Como sobreviver, então? Vamos tratar disso na sequência.

4.2. Estimativas não são feitas para garantir contratos

Antes de tudo, é preciso saber que existem inúmeros tipos de estimativas, feitos para diversos propósitos em diversos momentos do projeto, como, por exemplo, as estimativas pré-projeto. Isso mesmo: antes de um projeto existir, alguém de vendas já pode ter feito uma estimativa do preço do projeto, que foi dada ao cliente como um orçamento, o que é excelente porque, quando a proposta é aprovada, você já tem um orçamento definido (e que, é claro, quase nunca cobre os custos do projeto).

Eu entendo o modo de pensar de vendas, que não é muito complexo: vendedores vendem. Eles vão fazer de tudo para conseguir um contrato ou agradar um cliente. Uma vez a proposta assinada, o seu trabalho está terminado, restando ao pobre gerente de projetos a tarefa de tentar entregar o prometido no custo imposto pela área comercial. Se não conseguir, é ele que ficará com a culpa, já que a venda não pode ser cancelada.

Recentemente conversei com um executivo de logística que se lamentou de como estava cansado de ter que trabalhar dia e noite para tentar aumentar a eficiência de sua operação já muito eficiente por causa da pressão pela baixa margem de lucro, margem esta que foi comprometida pela péssima proposta criada pelo departamento de vendas. Mas não quero ficar discutindo por que isso ocorre ou como evitar, uma vez que está fora do nosso escopo, mas não podemos fugir de entender os impactos dessas situações mais ou menos recorrentes e como sobreviver a elas. E peço desculpas aos bons vendedores, que se certificam com os projetos antes de dar orçamentos e assim conseguem garantir a rentabilidade da operação.

A primeira coisa a fazer em casos como esse é jamais assumir, em um documento seu, a estimativa oriunda de vendas. Você não criou esse número, não participou do processo e, portanto, não tem nenhuma responsabilidade sobre ele. É preciso que isso fique claro, pois não raro o valor de um contrato de vendas lhe será imposto como o orçamento do seu projeto. Seu compromisso enquanto gerente de projetos é prover estimativas, e se elas estão acima do orçamento alocado para o projeto, bem, então o problema é do portfólio ou dos financiadores do projeto e não seu. O grande compromisso do gerente de projetos é com as linhas de base de custos, uma vez que as estimativas tenham sido aprovadas.

Deixe-me compartilhar esse caso que ocorreu comigo. Em determinado momento, em um grande projeto que liderei, o representante do cliente me liga informando que um deter-

A dura tarefa de fazer estimativas 61

minado valor seria o orçamento alocado para o projeto para o próximo ano. Antes de qualquer coisa, eu fiquei me perguntando como eles conseguiram chegar a um orçamento se eles não conheciam os detalhes do escopo e eu nunca tinha sido consultado. Talvez eles tenham algum algoritmo mágico ou sonharam com os números, enfim. A conversa continua e ele me pergunta se por mim estava tudo certo. Bem, respondi que ainda não tinha concluído minhas estimativas e que eu as daria assim que possível. Quando as concluí, elas estavam 40% superiores ao orçamento. Uma vez acordadas internamente, eu as enviei. Apenas dois minutos após o envio do meu e-mail o cliente me liga e diz que algo devia estar errado, dado que meu valor estava acima do alocado para o ano. De maneira educada, porém firme, eu disse que minha única responsabilidade é com estimativas e não com orçamento. E se minhas estimativas estavam acima do orçamento dele, eu não poderia fazer nada. Descontente, ele me pressionou para eu dar uma solução, como se o problema fosse meu. Nesse momento eu disse: "veja, eu entendo que infelizmente as estimativas estão superiores ao orçamento, então, de maneira muito objetiva, a única solução que eu proponho é encerrar o projeto, uma vez que nem o escopo nem a qualidade podem ser reduzidos e não existe dinheiro suficiente para concluí-lo". Não sei exatamente o que se passou na cabeça dele, mas logo após isso ele disse que tudo bem e que veria o que poderia ser feito e nunca mais me questionou.

É importante que você conclua normalmente seu trabalho de estimativas. Quando as tiver, apresente-as. Se elas estiverem acima do orçamento passado inicialmente, prepare-se para a pressão e os questionamentos, e inclusive considere isso uma etapa normal do processo. A melhor estratégia aqui é manter sua posição inicial e dizer que, por mais que você conheça os números fornecidos previamente, eles não têm nenhuma utilidade para as suas estimativas. Estruturas de custos de projetos não são feitas de cima pra baixo, mas de baixo para cima, e apenas o gerente do projeto detém todos os elementos para fornecê-las.

O problema é que vencer esta etapa da pressão inicial das estimativas não é garantia de que o problema terminou. Pior do que essa pressão inicial, que sinceramente não é difícil de lidar, como já mostrei, é a pressão interna que você e sua equipe podem sofrer na hora de construir as estimativas. Talvez ainda oriunda do setor comercial ou por qualquer outro motivo político ou gerencial, pode haver um interesse oculto no projeto custar menos (ou eventualmente até mais) do que deveria. Como isso nunca é explícito, você estará submetido a uma pressão "técnica" desafiando as suas estimativas, ou mesmo opinando sobre quais partes dos custos que você previu não são necessárias.

Você deverá estar muito bem preparado para defender as suas estimativas nesse contexto, e prepare-se para ter muito trabalho. Mesmo os recursos considerados normais e esperados em um projeto, em um contexto como esse, vão demandar justificativas. Então arrume uma justificativa bem embasada, mas eventualmente esteja pronto para ter que aceitar reduções de custos.

62 Manual de Sobrevivência para Gerentes de Projetos

Neste caso, as soluções são duas possíveis: se se tratar de algo crítico que inviabiliza seu projeto por qualquer razão, então você terá que manter posição e jogar pesado. Se não fizer, você não conseguirá concluir o projeto. Porém, se a redução do custo implica em um impacto no projeto, mas não em sua inviabilização, então documente todo o impacto de tal redução de escopo ou qualidade, por exemplo, e deixe claro para todos os *stakeholders*.

Em um projeto que liderei, por razões de orçamento, me solicitaram a redução de um recurso para uma área importante do projeto, mas que o cliente erroneamente insistia que era simples e poderia ser conduzida por ele mesmo. Como eu sabia que o cliente não conseguiria dar conta, eu mostrei a complexidade e a importância de ter um recurso exclusivo para lidar com o assunto. Como eu percebi que não conseguiria convencê-lo do contrário, documentei detalhadamente as atividades que a partir daquele momento não faziam mais parte do meu escopo, com todos os seus riscos e implicações. Alguns meses depois, como eu havia previsto, os problemas surgiram exatamente onde eu havia feito os alertas, mas ninguém me questionou porque simplesmente essas atividades já não faziam mais parte do meu escopo. Para ser honesto, até tentaram me questionar, mas eu os lembrei rapidamente e tudo ficou resolvido, pelo menos para mim (já que o cliente continuou com os problemas que eu havia alertado um ano antes).

Seja por contratos mal negociados, seja por qualquer outro motivo, não deixe que orçamentos de clientes sejam impostos como suas estimativas. Apenas você e sua equipe têm a competência para construir estimativas sobre o projeto. Se o cliente não estiver contente com elas, tente negociar o escopo, a qualidade ou qualquer outro aspecto que possa levar a uma redução dos custos sem comprometer o projeto. Se isso não for possível, então encerre o projeto, mas não caia na armadilha do otimismo infundado de que você pode fazer alguma mágica e realizar um projeto com menos tempo ou dinheiro do que você havia previsto.

4.3. Não dê estimativas precisas sobre algo que muda todo dia

Outra armadilha em que muitos gerentes de projetos caem é a construção de estimativas sem um escopo estável. Eu sei que já falei isso, mas é importante enfatizar e entender a questão da evolução do escopo e das estimativas. Uma simples mudança de escopo pode ter um impacto enorme nos custos e no prazo. Para evitar esses problemas sem frustrar seu cliente, deixando-o cego até que se tenha o escopo todo finalizado e aprovado, evolua as suas estimativas de acordo com o avanço do escopo, mas deixe sempre muito claros e documentados o nível de confiabilidade e a margem de erro das estimativas. Já vi gerentes de projetos pecarem pelo outro extremo: em função de seu excesso de zelo, eles se recusavam a dar qualquer es-

A dura tarefa de fazer estimativas 63

timativa aos clientes antes de ter um escopo aprovado e estável. Na verdade, esse excesso de zelo pode ser ainda mais grave do que fornecer estimativas imprecisas. É mais ou menos ficar entre a cruz e a espada. Eu sei que disse que "estimativas existem para serem cumpridas", mas apenas quando elas estão baseadas em um escopo estável e aprovado, e não quando elas são necessárias para fazer aprovisionamentos parciais ou coisas do tipo. Nesses casos, sim, elas podem ser imprecisas (ainda mais porque não existe outra saída), mas devem ser explicadas como tal para evitar qualquer mal-entendido.

Escopos nunca serão 100% conhecidos e terão sempre uma dose de incerteza. Isso causa um impacto direto nas estimativas, mas para saber como lidar com essa situação é preciso diferenciar riscos de incertezas.

Se estamos falando de riscos, então o impacto nas estimativas será decorrente de reservas de riscos residuais que deverão ser alocadas nas linhas de base de custo e tempo, uma vez findo o processo de avaliação e mitigação de riscos. Essas reservas são precisas e relacionadas diretamente a um risco ou um grupo de riscos. Então, quanto a isso não tem muito segredo, já que esses custos deveriam estar integrados às linhas de base de custo e tempo.

Mas se estivermos falando de um escopo que não está completamente estável, então seria um pouco estranho tratar esse fato como um risco, apesar de, no limite, não ser uma alternativa totalmente estranha. De todo modo, essas incertezas podem ser geridas de maneira mais simples do que aplicar um processo de gestão de riscos: utilize faixas de custos e prazo em vez de prover linhas de base fixas.

Dependendo da metodologia definida pelo seu PMO, ou das práticas vigentes em sua empresa, mesmo para valores fixos existe uma variação em percentual para mais ou para menos em que o projeto pode oscilar. Isso vai variar em cada empresa, mas, apenas como referência, essas faixas são normalmente entre 5% e 15%. Seja lá qual for a tolerância definida, é importante que exista uma, principalmente nos casos onde não são permitidas reservas de riscos, o que é um absurdo, mas que é a realidade.

Agora os métodos devem ser considerados uma trilha e não um trilho – e, por favor, não me interprete mal. Eu mesmo tenho medo de subjetividade e tolerância em demasia, visto que elas podem causar graves consequências. Como exemplo disso, os processos de segurança no setor de aviação não podem ter tolerância ou brechas para interpretações, caso contrário vidas serão perdidas.

Projetos são únicos, e por essa razão precisam contemplar certa flexibilidade nos métodos aos quais estão sujeitos. Aplicando esse pensamento à nossa problemática de estimativas, eu já conduzi projetos nos quais fiquei muito confortável com apenas 5% de tolerância de variação. Por outro lado, já tive projetos sinalizando margem de 30% de variância, dado o nível de incerteza.

64 Manual de Sobrevivência para Gerentes de Projetos

O que estou sugerindo é que você use sempre faixas de valores em vez de estimativas fixas, mas entenda bem o projeto antes de confirmar essas faixas e não se sinta preso às margens definidas pelo método da sua empresa, informando margens maiores quando for o caso, sempre justificando a razão. Se mesmo assim a pressão for grande para que sua variância fique dentro da margem estabelecida no método, vá pelo outro caminho e diga que precisa ter dados mais detalhados sobre os pontos de incerteza ou caso contrário não poderá confirmar as estimativas.

Um último alerta sobre tudo isso. Se o processo de estimativa de reservas de riscos é algo quantitativo e claro, o percentual que em tese absorveria problemas em função de incertezas sobre um escopo não é. Isso é um pouco de *feeling* que eu respeito muito e utilizo sempre, mas que algumas pessoas com viés mais analítico têm problemas em compreender. Se você tiver um comitê que confie em você, então você terá menos problemas, mas, se não for esse o caso, talvez você tenha que tentar de alguma forma justificar suas incertezas. Para isso, recomendo usar algo mais qualitativo, apontando de um lado a incerteza e de outro lado todas as decorrências possíveis em função dela. Vou tentar ser ainda mais específico. Se, por exemplo, um cliente ainda não decidiu pelo tipo de acabamento de uma construção, mostre uma lista de impactos possíveis em decorrência dessa indefinição do escopo e enfatize que é inclusive difícil mesmo até de quantificá-los. Isso talvez ajude você a explicar a razão da existência de margens em suas estimativas.

4.4. Esclareça suas hipóteses e use a referência de outros projetos

Cuidado com um ponto muito importante. Como eu disse anteriormente, é preciso entender que estimativas são fornecidas em vários momentos ao longo do projeto sobre um escopo que evolui constantemente. Dessa forma, não interessa que tipo de estimativa você vai dar: é preciso que você a forneça com base em um documento validado que contenha o escopo, as restrições e as hipóteses. Se você não tiver isso acordado e documentado, suas estimativas perdem a razão de existir e o colocam em um grande perigo, já que de novo abrem espaço para interpretações. Alguns gerentes de projetos mais novos poderiam argumentar que a subjetividade seria para os dois lados, mas os mais experientes diriam que, na prática, a interpretação dará munição para o cliente criar um problema enorme para o projeto, e isso é algo que nenhum gerente de projetos quer.

Nas estimativas iniciais, como não existe ainda um escopo definido, um erro comum é você ter uma base de informações muito fraca para prover estimativas e precisar então se basear em hipóteses. Porém, uma simples hipótese pode impactar o custo de um projeto de

A dura tarefa de fazer estimativas 65

maneira considerável. Pense em uma mera hipótese de tempo sobre um projeto de construção. Se um projeto está planejado para ser construído durante a estação seca, o custo e o prazo serão diferentes de uma mesma construção feita durante a estação chuvosa, dependendo da localidade. A quantidade de dias perdidos em obras durante a estação de chuvas é algo notório, e uma simples mudança de período pode impactar o projeto.

Essa questão de prazo também deveria fazer parte de qualquer estimativa. Quando você der estimativas, coloque sempre o período de referência. É esperado que projetos atrasem – e se isso acontecer por conta do cliente, a sua hipótese de término do projeto vai mostrar ao seu cliente que as estimativas não são mais válidas. Tudo isso é muito variável, mas você precisa ser precavido. Duas semanas extras no fim do projeto podem ter um impacto marginal sobre os custos ou ter um custo inimaginável.

Certa vez conduzi um projeto que tinha data prevista de lançamento para as duas últimas semanas de dezembro. Se porventura o projeto tivesse que se estender em duas semanas, eu estaria em apuros, dado que vários membros do projeto eram consultores que teriam seus contratos terminados no fim do ano. Isso quer dizer que, no caso de atraso de apenas duas semanas, eu seria obrigado a negociar uma extensão do contrato de cada um, o que sequer eu sabia se seria possível. Mas um caso ainda pior e clássico são os grandes projetos industriais, especialmente os projetos que dependem do período de parada das fábricas para serem implementados. Se você perder uma janela dessas por apenas duas semanas de atraso, dependendo do tempo necessário para a implantação do projeto, você terá que postergar seu projeto em seis meses ou eventualmente em até um ano para conseguir uma nova janela de parada da fábrica.

Se temos uma tendência a pensar no conhecido, para estimativas é preciso se concentrar também no que não conhecemos. Deixe claro nas suas estimativas o que você não conhece do projeto ou sobre o que está em discussão. Por exemplo, mencione que o cliente optou por uma tecnologia nova no mercado que pode impactar as estimativas que estão sendo fornecidas. Talvez tudo isso soe conservador, e na verdade é, mas lembre-se de que este livro foi concebido para ajudá-lo a sobreviver aos projetos, e não para fazê-lo correr riscos.

Quando os devidos cuidados não são tomados na gestão de estimativas, as discussões em torno do tema podem tomar grandes proporções, com reuniões constantes, envolvimento de outros níveis do projeto e eventualmente crises profundas, resultando em um desgaste que às vezes o gerente de projetos não consegue suportar. Então, sim, este livro é conservador, mas esta é a única maneira de sobreviver a esse desafio constante que é a gestão de projetos.

Outro aspecto importante é a origem das estimativas. Via de regra, elas deveriam ser feitas pelas pessoas que vão desempenhar o trabalho, mas sobre isso eu tenho várias considerações. Primeiro, lembra quando falei que estimativas variam em função do momento do projeto?

66 Manual de Sobrevivência para Gerentes de Projetos

Então. No início dele, quando você já precisa dar alguns primeiros números, normalmente você ainda não tem a sua equipe formada e, por conseguinte, não tem as pessoas para prover estimativas. Isso não é um problema tão grave, já que no início nós trabalhamos com uma estimativa menos precisa, mas é verdade que, mesmo com essa abordagem, pessoas experientes do seu time poderiam ser de grande ajuda.

Não se esqueça de que o objetivo deste livro é sobreviver acima de tudo. Em situações rotineiras nas quais um gerente de projetos atue sempre na mesma empresa e na mesma área, normalmente, a experiência dele estará em linha com a capacidade de entrega da organização. Ele conseguirá fazer estimativas de alto nível se apoiando apenas nos seus conhecimentos. Até aí tudo bem, mas em uma grande quantidade de casos o gerente de projetos se movimenta, seja de área, seja de empresa, e é aí que a armadilha se revela.

Deixe-me dar um exemplo simples sobre isso. Eu estava iniciando um novo projeto logo após ter sido transferido de país quando um membro da minha equipe do projeto solicitou o código de alocação das horas no projeto que ainda não estava disponível. Eu sem hesitar respondi que tal código já havia sido solicitado e que ele poderia solicitar diretamente à pessoa responsável, o que deveria acontecer em dois ou três dias. O problema é que eu não conversei com tal pessoa antes, e ela acabou incomodada com meu e-mail, dizendo que o processo e os prazos não eram os que eu tinha informado. Eu pedi desculpas, a situação se normalizou e apenas várias semanas depois tivemos nosso código para o reporte de horas liberado. O que é interessante neste exemplo é que se tratava de um processo global e relativamente banal com o qual eu estava acostumado a lidar. Afinal de contas, eu havia mudado de país, não de empresa.

O fato é que, quando estamos em um novo ambiente, por menores que tenham sido as mudanças, nossa experiência pode não ser tão válida como nós acreditamos, e é aí que a experiência a partir do novo contexto passa a influenciar nossas estimativas. Eu mesmo já vivi mudanças bruscas onde um projeto de porte parecido levara três vezes mais tempo para ser implementado do que na empresa precedente. Portanto, se você se encontra em um ambiente um pouco diferente do usual, verifique com as pessoas envolvidas se suas hipóteses ainda são válidas. Isso evitará que você saia dando prazos e custos irreais, e o exemplo que dei mostra bem isso. No novo contexto, as estimativas serão diferentes das que você costumava dar, então verifique tudo com todos para não cair em armadilhas.

Para resumir, se por um lado o fato de documentar suas hipóteses ajuda a proteger suas estimativas de questionamentos futuros quando estas não se mostrarem realizáveis, por outro lado é sempre preferível acertar nas estimativas. Não deixe de utilizar o referencial da própria empresa ou mesmo da área de negócios em questão. Use os dados históricos de outros projetos e depois relativize-os de acordo com o seu projeto. Usando dados passados você terá uma maior acurácia, já que você está usando a referência da própria empresa. Com sorte, você terá esses dados disponíveis em seu PMO na área de lições aprendidas ou coisas do gênero, mas, se não tiver, não se desespere. Nesse caso, você terá que contatar diretamente os gerentes de outros projetos similares, o que var dar mais trabalho, mas funciona muito bem na maioria dos casos.

4.5. Ainda mais importante que o histórico são as pessoas

Se a experiência da empresa é fundamental, o envolvimento das pessoas que vão efetivamente desempenhar a tarefa de prover estimativas é ainda mais importante. Além delas trazerem a experiência de projetos passados, dois outros fatores são importantíssimos nesse processo, sendo o primeiro mais pragmático e o segundo mais psicológico. O fator pragmático é simples. Se alguém precisa desempenhar uma tarefa, logicamente esta deveria ser a pessoa capaz de prover a estimativa mais acurada do tempo e custo necessários. Ninguém no mundo consegue dizer melhor que você quanto tempo você leva para fazer algo. Portanto, salvo exceções, você deveria ter todas as pessoas que irão atuar no projeto trabalhando também na fase de estimativas para o resultado não ser irreal.

Se você não conseguir envolver as pessoas que atuarão no projeto no momento de fazer estimativas mais precisas, prepare-se. Além de lidar com alguma imprecisão, o que por si só já pode ter graves consequências, você terá que enfrentar também o fator psicológico, que pode ser ainda pior. Existe algo extremamente diferente entre você definir que uma tarefa precisa ser completada em dez dias, e a pessoa que irá desempenhar a tarefa dizer que ela pode ser completada em dez dias. O prazo é o mesmo, mas a situação pode ser bem diferente, isso porque muitas pessoas têm dificuldades em aceitar imposições de prazos, mesmo quando eles estão corretos.

Existem algumas maneiras de trabalhar essa questão que podem simplificar muito sua vida e evitar esse problema. Em vez de eu perguntar se alguém consegue me entregar algo em determinado número de dias, eu pergunto em quantos dias essa pessoa pode concluir tal entrega. Se a resposta for um prazo igual ou inferior ao que eu acho adequado, então está tudo perfeito; se não, claro que irei negociar, mas perceba que eu disse negociar e não impor. Quando a pessoa envolvida dá as estimativas, ela de certa forma se compromete com aquilo, e se começar a atrasar irá fazer o possível para cumprir o prazo e sua palavra. Por outro lado, se o atraso acontece em um contexto onde não foi ela que estabeleceu o prazo, então nesse caso ela irá culpar o "curto prazo" que ela sabia que era irreal desde o início, e é por isso que a imposição nunca é uma boa alternativa, apesar de às vezes ser a única saída.

Eu concordo que para várias pessoas essa "imposição" não é tão relevante, mas para a maioria é. Envolva as pessoas, permita que elas definam os prazos que são confortáveis para elas e assim tudo correrá com mais tranquilidade. Se os prazos fornecidos não estão dentro

68 Manual de Sobrevivência para Gerentes de Projetos

das suas expectativas, então negocie, mas não imponha. E como você faz isso? Habilidades comportamentais, tão exigidas do gerente de projetos. Por exemplo, em vez de dizer: "esse prazo não é viável e você terá que fazer em tal prazo", tente, por exemplo, falar: "você acha que consegue reduzir esse prazo de modo que você consiga executá-lo de maneira adequada sem comprometer a qualidade?" Ou, talvez, "existe algo que eu possa fazer para você conseguir entregar essa tarefa mais cedo?" e assim por diante. Se você não possuir essas habilidades e escolher o caminho de fazer suas estimativas por imposição, então boa sorte, porque você vai precisar.

Eu conheço um caso em particular de um gerente de projetos que recentemente conduziu um grande projeto muito tenso e difícil com mão de ferro. Ele raramente (para não dizer nunca) escutava sua equipe e definia prazos conforme seu gosto. Depois exercia grande pressão para que as pessoas concluíssem suas etapas dentro do prazo estabelecido. O clima era muito ruim e o projeto estava constantemente em atraso, mas até aí era o esperado de uma situação como essa. O que esse gerente de projetos não enxergava é algo que raramente é comentado e que acho fundamental para a carreira de um gerente de projetos: como o nome sugere, somos gerentes de projetos no plural, uma vez que no fim de um projeto sempre teremos outro. Se não tratarmos nossas equipes com respeito, aceitando suas sugestões de estimativas e negociando quando for preciso, mas não impondo, não tenha certeza de que essas pessoas irão querer fazer parte da sua equipe para um projeto futuro. Se você seguir esse caminho, estará isolado, sem equipe ou com uma equipe que é forçada a trabalhar com você, que terá um desempenho na melhor das hipóteses medíocre.

4.6. As estimativas, o desconhecido e o otimismo

Se pensarmos por um instante que nós fizemos tudo certo, com estimativas bem embasadas, utilizando a experiência de outros projetos e envolvendo toda a equipe, com riscos mensurados e possíveis impactos incluídos nas linhas de base, além de uma boa comunicação sobre as hipóteses que embasam as estimativas, então basicamente está tudo certo, não é? Bem, a resposta é não, e explico por quê. Muitos gerentes de projetos chegam a 97% do que seria um processo completo de estimativas, mas param pouco antes da linha final por se esquecerem de algo fundamental, que é lidar com o desconhecido.

As empresas mudaram muito, e a complexidade dos negócios está muito elevada, resultando em projetos muito complexos. Nesses contextos, mesmo trabalhos de estimativas bem feitos precisam ter uma margem para o desconhecido, já que algo totalmente inesperado pode acontecer. Às vezes nem é tão inesperado assim, visto que podia ter sido previsto no processo de avaliação dos riscos, mas em grande parte estamos falando de fatores que não podem ser antevistos.

A pergunta que fica é: essa reserva para o desconhecido tem que estar nas linhas de base ou não? E a resposta é: depende. Primeiro olhe o método do seu PMO ou organização para ver se ele faz menção a esse ponto; se sim, siga suas orientações e a questão estará encerrada. Mas eu, particularmente, acho difícil que você encontre algo desse tipo – e nesse caso você não teria uma resposta fácil. Se você estiver interessado no meu conselho, e eu acho que está, já que comprou este livro e chegou até aqui, eu diria que a resposta é não, elas não devem fazer parte das linhas de base. Como discutimos anteriormente, se você conseguir dar uma estimativa com variação, por exemplo, de 10% para mais ou para menos, então na prática você terá sua reserva para os riscos não conhecidos. Se não tiver essa possibilidade, tente então negociar com seu comitê ou algo similar, para que, em caso de eventos não previstos, você disponha de um orçamento suplementar.

Honestamente, poucos conseguirão chegar a esse nível de detalhes por inúmeros motivos, como método e maturidade, entre outros. Voltando à questão da sobrevivência, escreva e comunique o que está inserido nas suas linhas de base. Caso depare com um evento não previsto, lide com ele da melhor maneira possível, principalmente mostrando que suas linhas de base não contemplavam tal evento, e não porque você não fez seu trabalho, mas porque era algo muito difícil de ser previsto. No final do dia isso será tratado como um desvio de qualquer maneira, mas pelo menos as pessoas envolvidas estarão cientes de que se tratou de um imprevisto. Então, de novo, a melhor solução é tentar prover uma estimativa com certa margem para cobrir essa parcela do desconhecido, mas nem sempre isso será aceito. É muito bonita a teoria clássica de projetos: o gerente do projeto demandaria um financiamento suplementar ao *sponsor* do projeto. Aí eu pergunto: você já viu alguém fazer isso?

Em um mundo onde não raramente sequer é possível incluir reservas de riscos nos projetos, essa ideia de separar a tratativa sobre o que são gastos relativos aos riscos conhecidos ou desconhecidos é quase utópica. E não ache que isso é apenas relativo a empresas de baixa maturidade em gestão de projetos. Em empresas maduras isso também é um fato, e na prática ninguém bate na porta do seu *sponsor* pedindo dinheiro extra.

Outro ponto importante é o cuidado que se precisa ter com o otimismo infundado. Por ingenuidade ou esperança, eventualmente alguns fatores serão vistos como potenciais redutores de prazo ou custo. Por exemplo, ferramentas de trabalho mais modernas, treinamentos ou outro fator qualquer que levaria a pensar que ganhos poderiam ser obtidos. Eu não estou dizendo aqui que não podem, mas, seguindo a tônica desse livro, estou recomendando prudência.

Uma nova ferramenta de trabalho, novos computadores ou processos podem, é claro, ter um impacto positivo no desempenho do projeto, mas o recomendável é que sejamos conservadores até termos dados concretos que mostrem os ganhos de produtividade. Um novo software pode trazer mais velocidade, mas o normal é que, no curto prazo, essa produtividade seja inclusive mais baixa, em função da adaptação das pessoas à nova tecnologia, além de

70 Manual de Sobrevivência para Gerentes de Projetos

gerar custos mais altos pela necessidade de treinamento e eventualmente de recursos extras para compensar a perda de produtividade inicial.

Você pode inclusive contemplar tais fatores como riscos positivos e integrá-los em suas linhas de base ou simplesmente aguardar até ter tal eficácia comprovada – e, aí sim, promover uma atualização das estimativas mostrando reduções. O que é preciso evitar a todo custo é um otimismo infundado onde se acredita que as coisas serão mais fáceis que o usual, que novos sistemas ou processos serão milagrosos e assim por diante. A partir do momento em que tais fatores mostraram resultados evidentes no seu projeto, aí sim incorpore essa informação às suas estimativas.

4.7. Apesar de não saber o que quero, você pode me dizer quanto custa?

Até aqui falamos bastante sobre as dificuldades de dar estimativas e como podemos fazer para lidar com essas situações. Mas, acredite ou não, existem situações ainda mais complicadas onde prover estimativas se torna algo quase impossível, pelo menos com um mínimo de precisão. Em um projeto que liderei certa vez que durou alguns anos e consumiu vários milhões de reais, me foi solicitado um custo estimado do projeto ainda na sua fase inicial. Como eu era um gerente de projetos sênior, certificado pelo PMI e com mais de 15 anos de experiência na área, eu consegui dar a resposta precisa, rápida e sem hesitação. Eu respondi: eu não sei! Por ser experiente, eu tinha certeza de que eu não sabia – falei com propriedade.

Nenhuma técnica de estimativa de custos poderia me ajudar. *Bottom-up*, *top-down*, estimativa por referência ou qualquer outra. O escopo ainda estava muito indefinido e, para piorar, nunca tínhamos feito um projeto daquele tipo. Até existiam referências de outros projetos similares, salvo que eles tinham sido feitos em outros países, em outra cultura, com estrutura de custos completamente diferente, com escopo diferente e em outro contexto, ou seja, de pouca ou nenhuma utilidade. Era mais ou menos você estar projetando um prédio de cinquenta andares em São Paulo e tentar usar a referência de uma construção de um prédio de três andares que sua divisão europeia construiu na Alemanha alguns anos atrás.

Essa é uma situação recorrente em gestão de projetos: as técnicas tradicionais de estimativas de custos simplesmente não nos ajudam. Mas muitos clientes não convencidos vão tentar nos forçar a dar estimativas com base em exemplos como esses que citei do prédio. Certa vez um cliente me disse: "mas já fizemos um projeto desse tipo na Tailândia, então por que você não pergunta para eles quanto custou?". Então respondi: "mas é claro. Por que não pensei nisso antes? Como sou idiota! Desculpe-me, vou ligar agora mesmo para o pessoal da Tailândia!". Tá, mentira, claro que não falei isso, mas o que tentei fazer foi explicar rapidamente que

A dura tarefa de fazer estimativas 71

o contexto da Tailândia era completamente diferente do nosso e que, portanto, os custos de lá não nos serviriam. Ele ainda tentou insistir um pouco, mas eu finalizei o assunto dizendo: "veja, eu estou convencido de que os custos incorridos na Tailândia não são adequados – e eu diria até perigosos se os levarmos em conta, mas, por favor, se você quiser contatá-los, sinta-se à vontade, mas que fique claro que, seja lá o que eles vão informar, não será uma estimativa oficial do projeto".

Você pode estar familiarizado com casos como esses, mas o segredo para entender essa insistência dos clientes é tentar pensar como eles pensam. Para muitos clientes o processo é mais ou menos assim: um engenheiro precisa dar uma estimativa de quanto uma ponte vai custar. Então basta ele ligar para seu amigo engenheiro na Inglaterra e perguntar: "ei, você terminou recentemente uma ponte aí. Pode me dizer quanto custou, para eu usar como estimativa para o meu projeto?". Para clientes como esses, pontes são pontes e pronto. Fatores como país, requisitos do projeto, legislação, tipo de terreno onde a ponte será construída, custo dos empreiteiros, mão de obra e assim por diante podem ser facilmente ignorados ou "ajustados". Então o nosso desafio é simples: temos que saber quanto algo vai custar mesmo antes de saber exatamente o que teremos que entregar e, em muitos casos, simplesmente não conseguimos dar uma estimativa, nem mesmo aproximada.

Dar estimativas em grandes projetos é algo quase impossível no seu início. Peguemos um exemplo do cotidiano. Imagino que você tenha construído alguma casa ou feito alguma reforma ao longo da sua vida, e então eu pergunto: conseguiu terminar dentro do orçamento? Não? Que vergonha. Era um escopo pequeno e conhecido, o que aconteceu? Agora tente extrapolar essas dificuldades para um projeto com escopo desconhecido que envolve centenas de pessoas em mais de cinco países.

Você pode tentar usar as melhores práticas para mostrar ao cliente que não é possível ser acurado nessa estimativa – mas eu disse você pode, e não deve, porque eles simplesmente vão ignorar você. Salvo contextos muito específicos que raramente ocorrem, os clientes não são solidários às dificuldades dos gerentes de projetos em prover estimativas, então não perca seu tempo esperando qualquer ato de simpatia por parte deles. Os clientes querem saber quanto vai custar algo que eles não sabem direito o que é, ainda mais porque, na lógica tradicional dos negócios, os orçamentos são anuais e eles precisam reservar dinheiro para os projetos, mesmo para os que ainda nem começaram.

Como mencionei, na maioria das empresas o ciclo orçamentário é anual, mas projetos são projetos e não respeitam o calendário orçamentário do cliente. Um projeto olha escopo e tempo de implementação e não o ano contábil, mas os clientes não querem saber e solicitam um custo por ano. Claro que, dependendo da maturidade do seu escopo, você consegue dar uma estimativa relativamente precisa, mas pense no caso em que seu projeto inicia em novembro e seu cliente diz que você tem uma semana para estimar quanto ele vai gastar no ano seguinte.

72 Manual de Sobrevivência para Gerentes de Projetos

Simplesmente não dá, e o caso que citei é um exemplo disso. Mesmo no melhor cenário, onde técnicas tradicionais de estimativas podem funcionar, às vezes não existe tempo suficiente. Desse modo, não lhe resta muita coisa a não ser dar uma estimativa. Mas como você vai fazer? Se seu contexto permitir usar as técnicas de estimativas de custos, faça, mas em muitas vezes, como no caso que descrevi há pouco, você verá que elas em nada vão ajudar. Como lidar com uma situação como esta?

Se aplicarmos um raciocínio bastante elementar, uma vez que não conseguiremos fornecer nenhuma estimativa precisa, temos que pensar em evitar os possíveis problemas futuros decorrentes dessa estimativa errônea. Sobre isso, cuidado com a armadilha quando o seu cliente soltar a seguinte frase clássica, que os gerentes de projetos mais experientes tanto conhecem: "não se preocupe, o valor que você me passar é apenas para termos uma ideia de quanto vai custar, apenas isso...". Mentira, mentira e mentira. Logo que você fornecer um número, ele vai esculpi-lo em pedra e cobrá-lo no primeiro momento em que você informar qualquer valor que não esteja em linha com o que você forneceu anteriormente. Não caia nessa, é coisa de principiante.

O que fazer então? Bem, antes de tudo faça isso por escrito e inclua um *disclaimer* junto das suas estimativas informando o nível de precisão da estimativa. Eu diria algo do tipo: "a presente estimativa foi elaborada a partir de requisitos em fase de definição, em um escopo ainda instável que não nos permite qualquer precisão e, portanto, deve ser utilizada apenas como mera referência de custos, que poderá sofrer grande variação e que deverá ser mais bem refinada nas próximas etapas do projeto". Bem, isso é na linguagem corporativa. Traduzindo para o português, seria mais algo do tipo: "não tenho a menor confiança nos números que acabei de fornecer, então não me culpem se eu estiver errado". E um detalhe: coloque esse *disclaimer* na mesma página em que suas estimativas foram fornecidas, para que eles nunca se separem. Em um extremo, eu diria até para você tentar fundir em uma mesma imagem, uma vez que já vi casos onde o *disclaimer* foi separado das estimativas "de maneira misteriosa" e, no final, o gerente de projetos foi cobrado quase contratualmente por uma primeira estimativa de custos de baixa acurácia.

Nunca negligencie esse ponto ou você poderá pagar muito caro. Se um material ainda é um rascunho, então informe como tal. Se uma estimativa tem baixíssima acurácia, então informe como tal. O ponto positivo aqui é que, como o cliente verbalmente vai dizer que a estimativa a ser fornecida é só uma referência, quando você escreve isso junto da estimativa fornecida ele nunca questiona.

A segunda parte para sobreviver a essas situações é envolver todos os *stakeholders* possíveis compartilhando o máximo que puder do cenário em questão. Aceite as sugestões das pessoas envolvidas no projeto, pois, eu garanto, não interessa quanto tempo você vai gastar tentando criar uma estimativa nesse contexto, a sua única certeza é que ela estará errada. E

A dura tarefa de fazer estimativas **73**

quando a cobrança chegar, você não gostará de estar sozinho. Não se trata apenas de sobrevivência nesse caso, mas de compartilhar as dificuldades com outras pessoas. Algumas delas vão entender sua situação e estarão ao seu lado no futuro, mas apenas no caso de elas terem sido envolvidas. Eu recomendo fortemente que, independentemente de qualquer coisa, você compartilhe ao máximo a estrutura do seu orçamento, seus pressupostos e suas inquietudes.

Você deve estar curioso para saber como eu forneci as minhas estimativas para o projeto que mencionei no início. Bem, segui os conselhos que eu acabei de dar. Conversei com pessoas, coletei informações, cruzei dados, fiz estimativas baseadas na minha experiência e no final cheguei a uma estimativa que com certeza estava errada, mas que pelo menos tinha certa lógica – e, o mais importante, eu compartilhei essas estimativas e sua estrutura com todos os membros do meu comitê decisório do projeto, e em especial com meu *chair person,* além de acrescentar um belo *disclaimer* que mostrava que a estimativa era imprecisa dada a baixa maturidade do escopo. O projeto era extremamente difícil, e eu nunca consegui ter estimativas perfeitas, mas o que consegui foi compartilhar isso com todos. No final, o projeto foi entregue no prazo e no custo, principalmente porque as reservas relativas ao problema do escopo indefinido e mutável foram suficientes para cobrir os inúmeros problemas que tivemos.

Mas como nada é tão ruim que não possa ser piorado, mesmo nesse cenário onde você consegue fornecer uma estimativa difícil, logo em seguida o cliente resolve promover algumas mudanças no escopo (mas não fala nada de custo). Simplesmente ele ignora o fato de que mudanças no escopo podem ter impactos nos custos. E quando você, mesmo sem ter sido solicitado, informa que as estimativas anteriores não são mais válidas, ou ele vai fingir que não ouviu, ou não vai aceitar. Tudo bem, desculpe meu pessimismo, já que em vários casos o cliente irá entender e lidar bem com isso, mas eu não estou aqui para tratar desses casos fáceis, e sim para aparelhar você com ferramentas para lidar com as situações difíceis.

Então, continuando, nesses casos você precisa documentar a informação de que, em função das mudanças de escopo solicitadas, as estimativas atuais não são mais válidas. Como eu disse, alguns clientes vão reclamar, muitos inclusive com argumentos vazios de que foram "pequenas" as mudanças, mas pelo menos você documentou e informou oficialmente que não pode mais manter as estimativas antigas. Às vezes, parte dessa relutância em aceitar essas estimativas também está no fato de o seu orçamento já ter sido definido, e agora ele precisa fazer as estimativas do projeto se ajustarem a ele, e não o inverso, como dita o bom-senso.

A verdade é que clientes têm muita dificuldade em precificar mudanças de escopo ou pelo menos entender seus impactos em algum nível. Para evitar esses mal-entendidos, o que recomento é sempre manter um contato muito próximo e compartilhar sua visão. Informe sempre que tiver analisando mudanças e não atrase as atualizações de custos. Pior do que algo custar mais caro do que o esperado, é algo custar mais caro e você demorar para ficar sabendo.

74 Manual de Sobrevivência para Gerentes de Projetos

Cuidado também ao se proteger atrás do método e não se preocupar em gerir as mudanças no início do projeto. Isso pode ser muito perigoso. Não ter linhas de base estabelecidas não significa que você não precisa ter um mínimo de controle sobre as mudanças. Esqueça o que os manuais de gestão de projetos tradicionais dizem. Eles tratam de projetos ideais que não existem na realidade. Mesmo as mudanças no início do projeto precisam ser controladas em algum nível e devidamente informadas ao cliente.

5

Podemos reduzir seu orçamento e você ainda entregar no prazo e na qualidade acordados?

5.1. Nunca brigue com um bêbado!

A pergunta que dá nome a este capítulo remete à velha história de que você nunca deveria sair no braço com um bêbado. Para quem não conhece a história: se você entrar em uma briga com um bêbado e ganhar, é uma vergonha, pois você bateu em um bêbado, mas se você perder é ainda pior, porque, afinal de contas, você apanhou de um bêbado! Se lhe perguntarem se você consegue reduzir o custo do projeto e ainda entregar no prazo, é a mesma coisa. Se você disser que não, pode mostrar inflexibilidade e falta de competência. Se você disser que sim, mostra que você errou nas suas estimativas e atesta certa incompetência, ou mostra que você guardou uma reserva escondida. O fato é que você precisa estar preparado para essa pergunta porque eu garanto que será feita mais cedo ou mais tarde.

De maneira geral, você deveria ter como resposta padrão dizer não, visto que deveria estar seguro sobre suas estimativas. Mas espere um pouco, nunca responda de imediato ou isso poderá dar a impressão de que você ignorou a solicitação e não se deu ao trabalho de analisar a demanda. Pouco importa se você está completamente seguro de que não tem como atender a tal solicitação. Sempre peça um tempo para analisar, verifique se não está ignorando nada e depois desse tempo diga não. Clientes nunca aceitam uma negativa de imediato, e eles têm

76 Manual de Sobrevivência para Gerentes de Projetos

razão, pois, por mais seguro que se esteja, sempre é aconselhável olhar a situação com calma e ver se não se está esquecendo de considerar algo.

Se depois da avaliação você estiver convencido da negativa, então você pode até passar a impressão de ser inflexível ou coisa do gênero, mas ao mesmo tempo vai mostrar que você fez um planejamento adequado e não tem espaço para absorver cortes de custos sem consequências – e sabe por quê? Simplesmente porque isso é a mais pura verdade se você fez seu trabalho como deveria. Você deveria ter um planejamento adequado às condições do projeto e dessa forma só teria espaço para redução de custos caso alguma mudança acontecesse. Um orçamento é construído com base nos custos dos insumos, recursos e outros fatores para entregar um escopo, e se essas variáveis não mudaram não existe razão para diminuir as estimativas. Você pode estar se perguntando: mas como é possível não ter espaço para redução, já que sempre temos reservas? Bem, esse é um assunto complicado que teremos que abordar.

Existem reservas e reservas. Após a avaliação dos riscos, e uma vez findo o processo de eliminação/mitigação, você deveria ter uma estimativa financeira dos riscos residuais, reserva esta que deveria ser consumida de acordo com o andamento do projeto. Mas agora vou fazer uma pergunta franca: quem faz isso? Eu sei o quanto falei sobre o assunto e sua importância, mas é preciso aceitar a realidade de que poucas empresas possuem esse nível de maturidade. Com exceção das organizações maduras em gestão de projetos, procedimentos como esses não são muito frequentes. O fato é que pouquíssimos gerentes de projetos aplicam uma gestão de riscos completa e profissional em seus projetos.

Como as reservas quase nunca são calculadas, o que acontece na prática? 10%. Isso mesmo, 10% é o percentual mágico adicionado no orçamento do projeto. Podemos variar a linha de base de custos em 10% e isso é tudo. Pode ser 5%, pode ser 15%, mas sempre existe um número padrão de margem para contemplar os riscos. O fato é que essa margem deveria existir para os riscos não previstos e não os conhecidos, ainda porque essas margens de mágicas não têm nada. Dependendo do contexto, um projeto pode facilmente atingir 30% de reserva de riscos ou muito mais em casos particulares.

Mas cuidado com a teorização exacerbada das coisas, que é uma das minhas motivações para escrever este livro. Talvez alguns gerentes de projetos iniciantes, recém-certificados pelo PMI, digam que tais reservas não devem ser aceitas, visto que não existe nenhuma referência quantitativa por trás delas, como, por exemplo, um embasamento ligado à análise de riscos. Realmente essa é a teoria, ou pelo menos a visão do PMI, com a qual eu concordo, mas, na verdade, se fizermos uma análise de riscos seguindo as melhores práticas, teremos também que fazer uma alocação de recursos para elas. O ponto é que no final das contas voltamos à velha discussão sobre os benefícios de construir reservas de riscos se as organizações preferem "simplificar" para ganhar tempo e não prever reservas.

Podemos reduzir seu orçamento e você ainda entregar no prazo... 77

Esse comportamento é compreensível, afinal, se às vezes é difícil ter uma boa maturidade de gestão de riscos no nível dos projetos, imagine do lado do cliente! Pense em um gerente de projetos fazendo uma apresentação das estimativas de custos ao cliente: "...quanto às reservas de orçamento e tempo, após a análise de riscos, e uma vez findo o processo de eliminação/mitigação destes, estimamos o custo para os riscos residuais em 19% do custo total do projeto...". Eu gostaria de ver a cara do cliente logo após ouvir essa frase. Para mim, na cabeça dele a tradução de tudo isso é muito simples: blábláblá, seu projeto será 19% mais caro que o previsto.

Deixe-me falar de outro exemplo que vivenciei. Seguindo orientação do meu *chair person*, após concluir o orçamento de um projeto, ele pediu que eu adicionasse 10% sobre o valor total como reserva. Eu até pensei em sugerir algo mais elaborado, mas entendi rapidamente que aquela era uma prática comum. Bem, eu fiz o que ele pediu e não escondi tal reserva. Uma linha separada nas minhas estimativas de custo mostrava o montante alocado como reserva.

Como sempre, o cliente não concordou com as estimativas e pediu que tentássemos reduzi-las, o que acabei por não fazer. Minha estrutura de custos era bem construída, com boas estimativas em todos os domínios, e, portanto, não havia razão para reduzi-las. Eu continuei sendo constantemente desafiado a promover uma redução do custo, mas me mantive firme nos números que havia fornecido. Em algum momento um vice-presidente do cliente pediu para revisar comigo minha estrutura de custos – e adivinha qual foi a primeira linha que ele pediu que fosse cortada? Exatamente, as reservas de risco. Ele argumentou que não estávamos operando em regime de preço fixo e assim não havia razão para reservas. Se a decisão fosse minha eu não teria aceitado, mas como a decisão era do meu *chair person* eu não tive muito o que fazer a não ser aceitar, mas também não me importei muito. Tomei as devidas medidas preventivas, com a tal redução devidamente documentada e aprovada, e deixei claro que estávamos operando sem reservas e sendo assim não poderia me comprometer com as linhas de base estabelecidas. Mas saiba que, por mais cauteloso que você seja nesse processo, no final das contas um projeto que ultrapassou seus custos será sempre um projeto que está acima do custo e pronto.

Você acha que, nesse caso que citei, o cliente está preocupado em saber se existe um racional ou não para as reservas do projeto? A resposta é não. Então eu fico imaginando o que teria acontecido se eu tivesse dedicado alguns dias preciosos para fazer tal análise. No final simplesmente teria visto minhas reservas serem cortadas pelo cliente. Essa é uma das razões pelas quais gerentes de projetos não raro concluem as etapas de avaliação e mitigação dos riscos, mas não valoram os riscos residuais.

78 Manual de Sobrevivência para Gerentes de Projetos

Nesse caso, estou tratando de um cliente interno, que é a realidade de uma grande quantidade de gerentes de projetos. Nos casos de clientes externos, você pode fornecer um preço fechado, e aí sim garantir (ou pelo menos tentar) reservas adequadas, já que aqui suas estruturas de custos e de prazo são fechadas. Quer dizer, quase garantir, visto que o mesmo problema de eliminação das reservas ainda pode acontecer, mas desta vez por pressão interna da sua própria organização.

Entretanto, não podemos analisar essas situações sem considerar a cultura e o contexto do projeto. Gosto muito da frase "a cultura come a estratégia no café da manhã". Você não pode fazer análises de riscos e apresentar reservas para os riscos residuais se a organização não está familiarizada com esses conceitos. Você pode pensar: eu quero mudar essa cultura. Tudo bem, mas eu não vou discutir isso. Essa é uma vertente interessante, mas fora do foco desta obra. Meu objetivo é discutir como sobreviver aos projetos e não como promover uma mudança cultural nas organizações.

Aqui é onde entra a história do "me engana que eu gosto". Se para um gerente de projetos não é permitido ter reservas de riscos para custos e prazos, mas ao mesmo tempo ele é cobrado fortemente pelas suas linhas de base, o que ele faz? É óbvio: ele irá esconder suas reservas nas estimativas para poder garanti-las! Fazendo assim ele consegue esconder suas reservas e ninguém o questiona. Agora a pergunta que fica é se é correto fazer isso ou não. Sinceramente, essa é uma pergunta complicada. Se pensarmos que as boas práticas recomendam que todo projeto tenha reservas de riscos, e se o gerente de projetos conseguiu estabelecer tais reservas embasadas em cálculos dos riscos residuais, não importando como (em linhas separadas do orçamento ou não), então é correto. Se pensarmos, por outro lado, que essas reservas precisam ser claramente explicitadas, então existiria uma falta de confiança e transparência. Tudo vai depender do contexto que envolverá o método, a maturidade, os *stakeholders*, entre outros fatores.

E, por favor, não reduza a gestão de riscos às reservas de riscos residuais. Independentemente de qualquer coisa, você deveria sempre fazer uma gestão de riscos competente para garantir que seus riscos sejam avaliados, mitigados, eliminados e transferidos e você tenha planos de ação para os riscos residuais. Se você vai conseguir ir além e garantir reservas para os riscos residuais, melhor ainda. Se não conseguir as reservas, isso não é razão para não fazer uma gestão de riscos profissional.

5.2. Proteja suas estimativas

Um erro comum dos gerentes de projetos é achar que os custos de um projeto ocorrem de maneira linear em relação às linhas de base. Talvez para alguns projetos isso possa ser verdade, mas na prática elas variam muito, e o que parece ser um cenário positivo hoje em termos de custos ou prazo pode rapidamente se deteriorar em poucos meses. Qualquer redução de estimativas precisa ser extremamente bem pensada.

Se pensarmos em um KPI de avaliação de projetos (e dos gerentes de projetos), com certeza o desempenho em termos de custos e tempo estará entre os principais. Logicamente, se você reduz suas estimativas de maneira equivocada, você está, por consequência, diminuindo a possibilidade de ser bem-sucedido no projeto em questão. Não estou falando isso apenas para protegê-lo, mas porque é o correto. Estimativas nunca podem ser reduzidas sem um motivo relevante.

A ausência de reservas de riscos e de estimativas sem margens é uma forma de colocar as suas estimativas em risco. Se você não possui tais reservas, as chances de você estourar o orçamento ou o prazo são muito altas. Salvo por força maior (que normalmente tem impacto negativo) ou um erro grosseiro de superestimação dos custos, se você iniciou seu projeto sem estimativas, não existe muita coisa que poderá fazer para conseguir se manter dentro do prazo e dos custos. Isso será particularmente mais grave em projetos com maiores níveis de risco.

Outro cenário particularmente complicado é quando seu cliente acompanha os custos do projeto no detalhe e percebe que em um determinado momento o projeto se encontra abaixo do orçamento previsto para o período. Então, astutamente, ele solicita uma redução das suas estimativas. A melhor resposta seria negar explicando que, apesar de pontual, não existe garantia de que esse consumo inferior irá continuar, já que não foi identificado nenhum fator aparente. Não é possível tirar conclusões sobre projetos batendo uma foto em um momento específico e projetando aquilo como um filme até o seu fim. Projetos são demasiado complexos para tomarmos conclusões simplistas.

Agora cuidado. Vários fatores podem afetar essa decisão. Se a negativa deve ser óbvia no início do projeto, ela não deveria ser evidente se o projeto se encontra em um estado avançado e de maneira sistemática esteve abaixo do custo. Nesse caso, é claro, uma vez devidamente avaliado o cenário, uma redução das estimativas poderia ser pensada. E, é óbvio, quando abordo a questão do custo baixo das estimativas, parto do pressuposto de que as entregas estão no prazo. No caso de o projeto estar atrasado, é inquestionável que os baixos custos são ilusórios.

80 Manual de Sobrevivência para Gerentes de Projetos

Existe outra razão para você dizer não para uma solicitação de redução de custos, e essa é mais simples. Se você disser que consegue fazer concessões e diminuir estimativas, existe a possibilidade de que seu cliente solicite tal redução no próximo projeto. Outro ponto interessante a se considerar é que talvez essa redução em breve seja esquecida e uma segunda seja solicitada. Nós nunca sabemos exatamente o que está por trás da motivação para a redução do orçamento. Talvez seja seu projeto em questão, ou talvez uma redução global no portfólio. Neste segundo caso, quem for mais firme em sua posição conseguirá proteger melhor seu orçamento. Uma vez a cota atingida, a demanda pela redução irá desaparecer.

Então, de maneira geral, como estratégia de sobrevivência, salvo fato relevante, você não deveria reduzir suas estimativas. É verdade também que, apesar de não muito comum, você pode apresentar um gasto abaixo das suas estimativas por um longo período em função de um cenário positivo – e nesse caso, sim, uma estimativa pode ser pensada com base em todo esse histórico de sorte. Mas, ainda assim, isso deveria ser muito bem pensado, e a redução deveria considerar o restante do projeto e seus riscos. Assim como a meteorologia, projetos às vezes mudam rapidamente e um longo período ensolarado se transforma rapidamente em tempestade, onde a redução anterior poderá fazer falta. Mas, reforçando, eventualmente você conseguirá, sim, promover reduções sem comprometer o restante do projeto. Pena que cenários como esses acontecem muito raramente.

Existe uma condição em que a redução do orçamento do projeto não é necessariamente uma solicitação, e sim uma imposição, e essa é uma situação difícil, já que nunca sabemos o que é "uma tradicional pressão por redução dos custos" ou o que é "uma solicitação fundamentada em função de um problema que impõe cortes ao orçamento".

Neste último caso não existe muita solução a não ser reduzir as estimativas do projeto ou encerrá-lo. A redução se dará normalmente pela diminuição do escopo, aumento do prazo (se pensarmos em orçamento anual), elevação do nível de riscos ou diminuição da qualidade. Não dá para fazer mágica. Essa negociação precisa ser muito bem discutida com o cliente, e acima de tudo precisa ser formalizada. Precisa ser formalizada. Precisa ser formalizada. Não, isso não é um erro de impressão do livro. Eu repeti várias vezes para você gravar. Escreva uma requisição de mudança detalhando seus impactos e pegue a assinatura do cliente (ou um aceite por e-mail, dependendo do processo de requisição de mudança estabelecido). Jamais promova mudanças nas suas linhas de base sem fazê-las de maneira formal.

Seu cliente precisa entender que não existe almoço grátis. Reduções no orçamento geram impactos no projeto que precisam ser explicados ao cliente e aceitos por ele de maneira formal. Eu particularmente não tenho problemas em promover reduções dessa maneira. Depois de um tempo o cliente fica tão acostumado que pergunta: "... se reduzir-mos 10% no orçamento você pode fazer uma avaliação do impacto no projeto?" Quando você conseguiu incutir essa ideia no seu cliente, de que reduções geram impactos, sua vida ficará bem mais fácil.

Mesmo que pareça simples em um primeiro momento, essas reduções de orçamento e prazo podem se mostrar muito mais complexas do que parecem. Para gerir essas mudanças, o gerente do projeto e vários membros da equipe são mobilizados para promover a análise, o que naturalmente impacta o custo do projeto com tempo e dinheiro de que às vezes não dispomos. Então, inclua essa avaliação como impacto no projeto!

5.3. Redução dos custos pela redução do escopo

A redução do escopo como forma de reduzir os custos do projeto, ao contrário do que pode parecer, não é uma opção sempre fácil de ser implementada. Um dos motivos pode ser que essa redução seja extremamente difícil de ser calculada. Como refazer os custos de uma casa que terá parte da sua área construída reduzida? Um sistema que não terá um módulo de relatórios desenvolvido? Uma rodovia que terá algumas passarelas a menos? Dependendo de como essa estrutura de custos foi constituída, a tarefa pode variar de simples a impossível de ser recalculada.

Antes de tudo, se você quiser tornar a sua vida mais simples e viabilizar processos como esses, você precisará construir sua estrutura de custos de maneira racional e modular, orien-tada às entregas, quase que prevendo que poderá ser solicitado a efetuar mudanças de escopo. Números fechados podem funcionar bem quando não temos solicitações de mudanças, mas na prática quase todo projeto passa por mudanças de escopo, e a você será solicitado recalcu-lar as estimativas do projeto a cada mudança. Dependendo da frequência dessas mudanças, se você não estiver bem estruturado com relação aos seus custos, o tempo que você levará para fazer tais recálculos será enorme.

Peguemos um exemplo de uma simples casa que você decidiu construir. Você aprovou um orçamento para colocação do piso em toda a residência. Se você fizer uma solicitação para reduzir esse orçamento, já que decidiu por não colocar o piso de madeira laminado em determinado cômodo, podemos, em tese, ter uma resposta rápida e precisa, já que é uma questão matemática, mas na prática não espere isso. Seu fornecedor já tem um orçamento aprovado que, em caso de mudanças, inclusive podem incorrer multas. Independentemente disso, para seu fornecedor manter seu técnico por mais uma hora ou não na sua casa pode

82 Manual de Sobrevivência para Gerentes de Projetos

não fazer diferença alguma se ele trabalhar com um custo diário. Além disso, ele tem que refazer o orçamento, entre outras atividades que consomem tempo e dinheiro. O que vemos na prática é que normalmente ou sua solicitação será recusada ou o valor a ser diminuído será irrisório.

Quando o cliente desconhece tecnicamente seu trabalho e sua estrutura de custos, ele tem dificuldade em entender por que uma redução de escopo não resultará necessariamente em uma redução de custos. A única solução para isso é informação. Explique tecnicamente por que essa redução de escopo não resultará em uma redução de custos, e com sorte ele irá entender. Digo com sorte porque muitos clientes simplesmente não querem saber. Acham que você está com má vontade ou não fez seu trabalho direito, e assim não lhe dão espaço para explicar. Mas é claro que muitos clientes vão compreender a situação e vão trabalhar junto com você em outras áreas para conseguir a redução almejada.

Em outro cenário, eventualmente, pode acontecer o inverso: uma pequena redução do escopo resultará em uma grande redução dos custos. Normalmente os clientes irão receber essa informação com contentamento, mas há os que ainda assim irão desconfiar e pedir explicações. Voltemos ao exemplo de construção. Imagine que em uma pequena reforma na parte elétrica de uma residência o cliente informe que ele decidiu comprar o quadro de energia pronto e não mais em partes, como previsto anteriormente. Para o cliente, essa diferença pode ser irrelevante, mas do lado do projeto você poderia ter previsto o trabalho de um eletricista sênior por três dias para montar e testar tudo, o que é um custo não desprezível.

Em outros casos, o molho pode sair mais caro que o peixe, já que o recálculo pode ser bastante oneroso e você precisa alertar o cliente antes mesmo de iniciar o processo de análise da mudança. Os custos para promover uma análise de redução de escopo irão ocorrer independentemente de ser aceita ou não a mudança de escopo, o que os clientes quase nunca acatam. Basicamente, eles acreditam que análises como essas deveriam ser gratuitas. Dependendo do contexto, esse tempo pode ser considerável e os custos de tal recálculo podem ser até mesmo mais altos que o ganho esperado pela redução.

Outro aspecto importante a se considerar é a cultura do país e da empresa em questão. Franceses, por exemplo, têm extrema dificuldade em dar orçamentos que não possuam uma base extremamente sólida e precisa. Dessa forma, qualquer recálculo em um ambiente francês tomará naturalmente mais tempo quando comparado a outras culturas que fariam um orçamento mais superficial. Dependendo do projeto, esse fator cultural pode influenciar muito nesse processo.

Podemos reduzir seu orçamento e você ainda entregar no prazo... 83

Eventualmente o problema será outro: a redução não será possível, não apenas por ser inviável economicamente, mas também tecnicamente. Você não pode comprar um carro zero e pedir um desconto porque não precisará das rodas, já que tem guardado um jogo especial em casa. Não é possível também solicitar um desconto em um hotel porque só permanecerá seis horas e não as 24 a que tem direito.

Agora, se você é uma pessoa de sorte, poderá deparar com os casos simples de redução de escopo. Você faz a análise, mostra o escopo que será reduzido e a consequente redução de custos esperada. Na sequência o cliente aprova a mudança, novas linhas de base são estabelecidas e a vida continua. Sinceramente, não tenho muito a dizer sobre isso. Essas são situações raras e fáceis de gerir.

Voltando um pouco para a questão de alocação dos custos, não ache que prever que solicitações de redução de escopo irão ocorrer deveria ser o único motivo para você estruturar seus custos de maneira minuciosa e organizada. Uma estrutura de custos bem definida ajuda a acompanhar o desempenho do projeto de maneira mais precisa e detalhada, e essa informação é extremamente útil dentro do processo de gestão de custos. Para isso não reinvente a roda. Utilize a velha e conhecida WBS (*Work Breakdown Structure*), que em português chamamos de EAP (Estrutura Analítica do Projeto). Se você fizer sua alocação de custos com base na sua WBS, então você terá um controle muito melhor, que ajudará a tomar decisões sobre o projeto, além de deixá-lo preparado para lidar com eventuais reduções de escopo.

5.4. Redução dos custos pela redução da qualidade

Antes de continuar, eu queria dizer que, apesar de ser uma opção para redução do custo, dificilmente você conseguirá grandes economias através da redução da qualidade. Primeiro porque, na média, os custos da qualidade do projeto não são assim tão significativos e, portanto, não é uma fonte tão promissora de economias. Segundo, porque reduções de qualidade elevam os níveis de risco, podendo levar a consequências desastrosas.

Os custos decorrentes de uma baixa qualidade podem ser muito grandes. Retrabalhos e perda de produtos são apenas alguns exemplos. Imagine que um mês de trabalho fora perdido e precisará ser refeito pela não conformidade de qualidade? Esses custos são altíssimos, e quando olhamos os custos do processo de qualidade ligados a eles verificamos que não são significativos. Essas são as consequências internas da falta de qualidade, que por si só são graves, mas ainda não é o pior. Apesar do prejuízo, pelo menos o erro foi detectado ainda internamente, o que não é sempre o caso.

84 Manual de Sobrevivência para Gerentes de Projetos

Quando os problemas de qualidade passam pelos portões do projeto e chegam ao cliente, aí a coisa fica crítica. Além dos custos de garantia elevados, em casos mais graves podem ocorrer processos milionários que algumas empresas simplesmente não conseguem suportar. Já pensou no caso de um brinquedo mal construído que pode causar o sufocamento e até a consequente morte de crianças? Ou um medicamento cujos efeitos colaterais também resultam em mortes? Esses são exemplos reais que mostram até onde podem ir as consequências da falta de qualidade.

Casos como esses, ou mesmo os de menor gravidade, podem afetar a imagem de uma marca. Um único caso emblemático pode comprometer uma empresa por anos! Quem não se lembra do caso do Microvlar, o anticoncepcional sem eficácia, ou o leite Parmalat, que continha vários produtos químicos? O recente escândalo da carne de cavalo na Europa que era vendida como carne bovina, ou ainda o mundialmente conhecido *recall* da Toyota que trouxe graves consequências para a empresa em todo o mundo. Enquanto grandes empresas conseguem continuar apesar do golpe duro, outras são obrigadas a fechar as portas.

Pensando em estratégias de redução de custos na esfera da qualidade, poderíamos reduzir o esforço no planejamento da qualidade, mas não recomendaria, pelo simples fato de que esta é uma atividade que consome pouco esforço, além de contribuir significativamente para o aumento da qualidade. É na fase de planejamento da qualidade onde trabalhamos intensamente com o cliente para compreender qual é a qualidade esperada. Sem um claro entendimento sobre a qualidade do ponto de vista do seu cliente, todo o processo fica comprometido.

Outro processo, este mais promissor para a redução da qualidade, é o controle de qualidade. Como acontece de maneira recorrente, ele consome naturalmente mais recursos. "Infelizmente", este processo contribui significativamente para a qualidade do projeto, e qualquer corte de custos nessa área deveria ser visto com ressalvas. Certa vez meu vizinho teve em sua casa um pequeno vazamento de água, percebido em uma parede. Normalmente em casos como esses o procedimento de reparação é bem simples. Abre-se a parede, elimina-se o vazamento reparando o cano, fecha-se a parede e quando ela estiver completamente seca finaliza-se o acabamento. O problema é que, quando a parede foi aberta, verificou-se que o vazamento não vinha de um cano na parede, mas de dentro de um pilar estrutural da casa! Algum encanador genial fez uma emenda de um cano dentro de um pilar, o que é proibido pelas normas técnicas brasileiras. O problema foi muito mais complicado de resolver e custou muito mais caro. A pergunta que fica quando pensamos em controle de qualidade é: por que ninguém verificou toda a tubulação antes de autorizar a concretagem? Pensemos que esse custo de verificação tenha sido eliminado para economizar. Será que valeu realmente a pena?

Podemos reduzir seu orçamento e você ainda entregar no prazo... 85

Esse acompanhamento das entregas através da análise de dados históricos, análise de causa-raiz de problemas, análise através de gráficos de controle, inspeções, entre outras ferramentas, são atividades que, quando bem implementadas, conseguem garantir em um bom nível a qualidade das entregas. Eu queria destacar o "bem implementadas", porque aí pode estar uma boa opção de redução dos custos de qualidade. Se você não tiver processos efetivos de controle de qualidade, então o questionamento é se vale a pena mantê-los ou não. No caso de ter processos de controle de qualidade falhos, ou você os conserta ou os elimina. Vários casos de problemas de qualidade não foram evitados, apesar de um controle de qualidade específico vigente. Ainda assim, avalie o caso com cautela, reúna todos os elementos e apresente ao decisor do projeto.

Porém, se por um lado a redução dos custos pela qualidade pode não ser muito promissora, por outro lado ela pode ser um forte argumento para a manutenção das suas estimativas. Esse é um argumento forte e que as pessoas escutam: qualidade. Ninguém quer ter seu nome ligado a uma decisão que mostra que impactos na qualidade podem ocorrer em função de redução dos custos.

5.5. Redução dos custos pelo aumento do risco

Agora passemos à opção de aumento do risco. Poucos gerentes de projetos consideram esta opção, que pode ser talvez a melhor para a redução dos custos. Dependendo da natureza do seu projeto, os riscos podem ter um impacto considerável nos custos. Aceitando um nível maior de riscos podemos diminuir os custos e os prazos, mas entre a teoria e a tomada de decisão em um caso concreto é outra história. Infelizmente, uma matriz de riscos (probabilidade *versus* impacto) é apenas um elemento dessa decisão, que no fim do dia está muito mais relacionada à disposição de quem tem o poder de decisão de correr determinado risco ou não.

Em um dos meus cursos de gestão de projetos um aluno citou um caso de uma repetidora de televisão. Nesta análise foi identificado que a probabilidade de falha na antena principal da emissora era algo em torno de 1%, apesar de o impacto ser enorme caso ocorresse. Se você tivesse que tomar uma decisão, o que faria, sabendo que o custo de uma segunda antena é enorme e que a probabilidade de falha da antena principal é mínima?

Bem, a decisão foi tomada: a segunda antena não foi adquirida, a antena principal parou e a emissora saiu do ar por um bom tempo antes de ter seu sinal restabelecido. Qualquer um que tenha ciência desse episódio poderia afirmar que a segunda antena deveria ter sido adquirida. Mas será que o percentual de pessoas que pensam assim teria sido o mesmo antes do problema ocorrer?

86 Manual de Sobrevivência para Gerentes de Projetos

Em outro projeto que liderei passei por uma situação parecida. O responsável pela parte da infraestrutura de informática me perguntou se eu desejaria criar um espelhamento entre os novos servidores recém-adquiridos. Parece um pouco complicado, mas basicamente é garantir que se um servidor tem problemas o outro imediatamente assume o controle sem qualquer impacto para a produção.

O problema é que essa solução elevaria diretamente os custos de operação dos servidores, além de demandar duas semanas extras para sua instalação. O risco de falha era baixo, mas sem hesitação eu ordenei a instalação da solução. Talvez tenha sido a solução certa, talvez não, mas um gerente de projetos em vários momentos precisa tomar decisões, visto que nem tudo pode ser levado toda hora ao seu comitê decisor ou instância equivalente. Aqui vale um comentário importante. Se uma falha acontecesse, ela aconteceria talvez daqui a alguns anos, e ninguém iria fazer a ligação ao projeto. Então, muitos gerentes de projetos são inclinados a maximizar os indicadores do projeto e ignorar os impactos na operação. Se eu tivesse seguido essa lógica, eu não teria decidido por instalar a solução sugerida, mas particularmente eu prefiro pensar que, em determinados contextos, um projeto na verdade nada mais é do que a melhor maneira de criar operações ou produtos extremamente eficientes. Um projeto normalmente dura alguns meses enquanto operações e produtos restam por anos, sem contar que o custo do projeto é único, e o de operações e produtos é recorrente. Mas de maneira pragmática, sim, a solução sem espelhamento custaria mais barato e seria mais rápida. Tentador, não é?

Se na prática pode ser relativamente fácil reduzir os custos elevando o nível de riscos, essa é uma alternativa que em determinados contextos pode ser bastante perigosa. O caso que acabei de mencionar é um exemplo disso. Se por acaso a solução de espelhamento não tivesse sido implementada e tivéssemos um problema em um dos servidores, teríamos uma parada de um dia na fábrica. Eu particularmente não acho que valha a pena.

Por outro lado, você pode estar pensando que um requisito como este deveria ser uma exigência do projeto e, portanto, não deveria ser questionado. Então eu devolvo a pergunta: quantos escândalos não tivemos com acidentes onde um procedimento simples e obrigatório não foi exigido? Procedimentos, precauções e tantos outros métodos e práticas não conseguem sobrepor o fator humano. Os métodos conseguem cobrir boa parte do que se considera obrigatório em um projeto, mas nunca darão conta de tudo, e nem do seu cumprimento. O que não foi coberto pelo método precisa ser compensado pelos membros do projeto – e em especial pelo gerente de projetos. É por isso que muitos clientes exigem gerentes de projetos seniores, visto que sabem que eles conseguem evitar inúmeros problemas graça à sua experiência, além de serem menos suscetíveis à pressão.

Podemos reduzir seu orçamento e você ainda entregar no prazo... 87

Veja este outro caso. Certa vez chegou ao meu conhecimento que uma fábrica em um grupo que trabalhei encontrava-se parada depois da implantação de um projeto de atualização de software. Os testes mostraram que a solução não estava completamente estável, e o risco de haver um problema de produção após o projeto era elevado, mas diminuir esse risco iria consumir muito tempo e dinheiro. A decisão de aceitar os riscos foi tomada pelo cliente, que decidiu seguir em frente, e a fábrica parou por três longas semanas, gerando um enorme caos.

Apesar de ser viável, e em determinados contextos talvez a solução mais factível para reduzir os custos do projeto, essa é uma solução arriscada e que precisa ser tomada com base em dados sólidos e principalmente avaliada, entendida e formalizada. Nunca aceite uma elevação de riscos objetivando uma redução de custos sem que todo esse processo esteja devidamente aceito por todos. Se você não concorda, deixe claro que não concorda, e isso é o que se espera de um gerente de projetos. Essa discordância pode evitar muitos problemas para você no futuro, principalmente para as empresas que têm a cultura de promover a caça às bruxas. Dependendo da sua autonomia enquanto gerente de projetos, você poderá não apenas influenciar, mas tomar decisões e vetar outras. Por outro lado, nos casos onde você está subordinado a um comitê decisor, seu trabalho é informar, sugerir e na sequência aceitar a decisão tomada.

Infelizmente, dependendo da natureza do seu projeto, não será possível promover mudanças de escopo, qualidade ou elevar o nível de riscos. Nesse caso o projeto deverá ser pausado ou encerrado. Então, pra resumir, evite fazer concessões de redução de custos. Caso não tenha escolha, acredito que alguns caminhos que discutimos neste capítulo possam ser bem interessantes. Lembre-se de analisar essas reduções com cautela e sempre, absolutamente sempre, formalizá-las de maneira apropriada.

6

O cliente: esse ser incompreendido

6.1. Clientes são o que são e não vão mudar

Ao longo da minha carreira sempre ouvi gerentes de projetos reclamarem de seus clientes. As reclamações são as mais diversas possíveis: "os clientes querem tudo ao menor preço possível; os clientes acham que são Deus e querem que fiquemos à disposição deles; eles mudam de ideia toda hora; os clientes não sabem o que querem". Realmente, clientes são difíceis e em vários momentos realmente não sabem sequer o que querem, mas aqui vai uma informação que você provavelmente já sabia: eles não vão mudar!

Clientes são clientes. Eles pagam e exigem o melhor, mesmo quando não sabem o que querem. Quantos de nós já não deixamos alguns vendedores malucos? Entramos em uma loja, o vendedor nos pergunta o que estamos procurando e respondemos: "eu não sei bem ao certo, mas é algo mais ou menos assim". Bem, às vezes nossos clientes fazem o mesmo conosco. De nada adianta reclamar, se irritar, se estressar ou qualquer coisa do tipo. Clientes serão sempre assim.

Projetos acabam e reiniciam constantemente e seus clientes também mudam. Eles financiam o projeto e determinam o que você precisa entregar. Em outras palavras, eles são a razão de o projeto existir. Eles são difíceis em muitos casos e, pior, eles serão difíceis de maneiras diferentes. Alguns clientes pegarão no seu pé no orçamento enquanto outros serão neuróticos com a qualidade. Outros serão obcecados pelo prazo e outros vão fazer uma reunião de meia hora e esperam que você volte depois de seis meses com uma solução pronta. Para todas essas situações o gerente de projetos vai precisar usar todas as suas competências técnicas e princi-

O cliente: esse ser incompreendido 89

palmente as comportamentais para conseguir se adaptar. Não adianta reclamar, não adianta achar que vai mudar a cabeça do cliente. O que adianta é se colocar no lugar dele e tentar ser o mais flexível possível para conseguir fazer sua entrega de maneira eficaz.

Aliás, essa é sem dúvida uma das ações-chave que você precisa praticar: se colocar no lugar do cliente. Seja em projetos de engenharia, seja de finanças, seja de tecnologia da informação ou qualquer outro, é preciso aceitar que seu cliente nunca terá o conhecimento que você e sua equipe têm sobre o tema – e, aliás, é por isso que ele o contratou. Em vez de reclamar, entenda a razão de alguma demanda e trabalhe junto com seu cliente para resolver o problema. Se ele mudar de ideia, entenda que a dinâmica do negócio dele pode ser diferente e, é claro, vai exigir que você se adapte rapidamente a ela.

Outra coisa que você precisa praticar é a adaptabilidade. Projetos acabam a todo o momento e vão chegando clientes novos com necessidades novas. Você não pode querer usar sempre o mesmo remédio para todas as doenças. Cada paciente demandará um tratamento específico e você precisa se adaptar. Não existe saída. Sendo assim, entenda o negócio do seu cliente, entenda o que está por trás das suas demandas e atue de maneira flexível e próxima a ele. Só assim você conseguirá entregar o valor pelo qual ele o contratou para entregar.

Eu já tive clientes de todos os tipos. Clientes atuando no meu próprio país, clientes de outros países, clientes da área de finanças, clientes responsáveis por produção, clientes da área de marketing, e posso afirmar que as diferenças entre eles são enormes. O setor de negócios, por exemplo, determina em grande parte o perfil do cliente. Trabalhar com bancos não é a mesma coisa que trabalhar com empresas de marketing digital. O porte das empresas é outro fator substancial que determina parte do perfil do seu cliente. Além desses, o momento econômico, o porte da sua empresa, seu histórico com o cliente, entre tantos outros fatores, irão determinar o comportamento do seu cliente, que irá mudar constantemente. Não menos importante também são as pessoas. Nunca somos contratados por empresas, mas por pessoas. Independentemente dos fatores que mencionei, o perfil das pessoas que irão se relacionar com você pode também variar muito.

Uma vez que você não só compreendeu como aceitou essa dinâmica, cabe a você se adaptar para entregar o melhor valor possível ao seu cliente. Isso exigirá um esforço constante em todas as áreas do projeto, com adaptações frequentes e principalmente uma dose maciça de comunicação. Se você entende as necessidades do seu cliente e adapta sua maneira de gestão para atender às suas expectativas, então você está no bom caminho para fazer uma grande entrega.

O lado positivo é que, se você agir dessa maneira, você conseguirá estabelecer uma relação produtiva de confiança com o projeto se desenvolvendo de maneira harmoniosa. Seu cliente não só confiará em você, como também lhe dará a preferência para todos os seus projetos fu-

90 Manual de Sobrevivência para Gerentes de Projetos

turos. Uma última opinião: fazer boas entregas para clientes fáceis é para a maioria, enquanto conseguir deixar satisfeitos clientes difíceis e exigentes é para poucos. Sim, vai dar trabalho, mas clientes exigentes tendem a ser mais fiéis quando encontram fornecedores de qualidade e confiança. Pense nisso!

6.2. Mas afinal quem é o cliente?

Outra questão pouco abordada é "quem" deve aprovar o escopo. Sempre falamos em entender as necessidades do cliente, documentar a necessidade do cliente, comunicar o escopo proposto ao cliente, mas a pergunta é: quem é o cliente? Tá, eu sei, o cliente normalmente é a pessoa que paga, mas isso não resolve o problema do ponto de vista da gestão de projetos. Cliente é um termo que pode ser obscuro, visto que no dia a dia falamos com inúmeras pessoas, e normalmente procuramos uma que é a responsável por aprovar o projeto e tomar decisões ao longo de sua execução, e isso é algo realmente importante.

Tenha certeza de que a pessoa que aprova o projeto tem poder para tal. Envolva todas as pessoas que você julgue pertinentes para a aprovação do escopo, ou pelo menos compartilhe com elas a aprovação, para se certificar de que todos os envolvidos estão de acordo com o que foi aprovado. Não estou falando de má-fé, mas é que às vezes as estruturas organizacionais com que lidamos são tão complexas que não é fácil saber se estamos recebendo a aprovação do interlocutor que deveria, e no nível que deveria.

Uma vez que essa etapa é vencida, a pergunta seguinte seria: será que a pessoa que aprova seu projeto, mesmo que tenha poder para tal, realmente envolveu todas as pessoas que deveria? Você pode simplesmente dizer "não estou nem aí", já que tem uma assinatura e pronto. Mas eu realmente não recomendo que você aja dessa maneira. Deixe-me dar dois exemplos. O primeiro conhecido e rotineiro é quando os usuários finais de um produto não são devidamente envolvidos. Mas, espera aí, quer dizer então que clientes aprovam produtos e serviços sem saber se seus próprios usuários finais estarão contentes com o que terão que conviver? A resposta é sim! Essa é uma situação muito mais comum do que as pessoas imaginam. Na prática você não errou, visto que recebeu a aprovação da pessoa correta, mas entregou uma solução que não funciona, e ninguém vai querer saber se você entregou algo não apropriado por falha do próprio cliente. No final do dia, você entregou uma solução que não é funcional e ponto.

O segundo exemplo aconteceu na França e foi um pequeno escândalo ocorrido em 2014. O governo francês, através da SNCF (*Société Nationale des Chemins de fer Français*), fez uma encomenda de duas mil unidades de novos TER (trens de transporte regional). Para quem conhece os antigos é uma diferença enorme, com os novos bem mais modernos, seguros,

O cliente: esse ser incompreendido 91

confortáveis e eficientes, exceto por um único problema: uma parte dos novos trens não cabia nas cerca de 1.300 plataformas pelas quais teriam que passar. Esses poucos centímetros a mais custariam mais de cinquenta milhões de euros ao contribuinte francês para adaptar todas as plataformas. Eu, particularmente, não fico contente em saber que meus impostos irão financiar a incompetência de um projeto.

Agora veja: por mais complexa que a situação possa ser, no final do dia alguém assinou o pedido de compra que tinha as especificações do novo trem, incluindo as medidas. Você não consegue pensar na possibilidade de que ninguém tenha verificado se o tamanho do novo trem estava adequado à infraestrutura existente. Parece o cúmulo da incompetência (e talvez no limite até seja), mas quando olhamos o que aconteceu é algo tão complexo, com órgãos que não se comunicam muito bem, com inúmeros interlocutores e uma falta de coordenação, que em todo esse imbróglio ninguém se lembra do básico de pegar uma trena e fazer algumas medições.

Se os fornecedores tivessem desconfiado de algo dessa natureza, eles mesmos teriam feito alguns testes e envolvido seus técnicos para se certificarem de que tudo estava adequado, e esse é o meu ponto: você, em maior ou menor grau, tem que desconfiar e tentar de algum modo verificar se o que o cliente está pedindo está adequado. É mais ou menos proteger o cliente de si mesmo. Eu fiz, e continuo fazendo isso nos meus projetos sempre que posso (pois nem sempre você tem abertura para tal). Um exemplo concreto que tenho feito com relativo sucesso é envolver o usuário final na definição do produto do projeto mesmo quando o próprio cliente acha desnecessário.

Ninguém culpou a empresa fornecedora dos trens, afinal de contas um pedido de compra foi assinado. Mas você não quer entregar algo que não irá funcionar, mesmo não sendo culpa sua. No caso dos trens, uma solução (cara) foi encontrada. Mas e se não fosse possível tecnicamente? Você não gostaria de ser lembrado, mesmo sem ter culpa, como um fornecedor que entregou uma solução que nunca foi utilizada.

Eu tenho ciência de que situações como essas não acontecem todos os dias, mas não interessa. Pequeno ou grande, o projeto precisa envolver o máximo de *stakeholders* possível. Fazendo isso você ficará surpreso como alertas ou contribuições essenciais virão de *stakeholders* "menos importantes", e que só chegaram ao seu conhecimento porque você fez o seu trabalho e resolveu envolvê-los. Portanto, sim, seu cliente é quem paga e quem assina o contrato, mas eu prefiro ficar com uma visão mais ampla, onde meu cliente também é o usuário final, os usuários-chave, os gerentes intermediários, as áreas clientes e assim por diante. Envolver o máximo de *stakeholders* possível vai sem dúvida dar mais trabalho, mas as chances de você fazer uma entrega mais precisa e eficiente serão muito maiores.

6.3. Mantenha seu cliente próximo

Não importa de qual momento do projeto estamos falando, é fundamental que seu cliente sempre esteja envolvido em todas as etapas. Alguns clientes farão isso de maneira mais natural e outros precisarão de certo incentivo, mas em todas as etapas seu envolvimento será fundamental para o sucesso do projeto. Seu cliente é particularmente importante na fase de definição do escopo, por exemplo. Na negociação do projeto ele pode ajudar muito flexibilizando requisitos e ajudando a viabilizar os recursos necessários. Nos testes ele é fundamental para aceitar a entrega do projeto ou apontar possíveis problemas. Nos momentos de crise ele terá um papel ainda mais fundamental, para ajudar você a sair dela. Deixe-me compartilhar uma experiência que mostra como podemos reverter situações que normalmente tenderiam ao desastre apenas compreendendo melhor nosso cliente e trabalhando junto com ele.

Uma semana após minha transferência de unidade, meu novo chefe me perguntou se eu podia liderar uma força-tarefa que acabara de ser criada para resolver um problema que demandava uma resposta urgente. O fato de ter alguma experiência acumulada na área me dizia que aquela seria uma tarefa extremamente difícil de gerir, e eu estava certo. Primeiro porque forças-tarefa, com raras exceções, são criadas porque um problema muito grave surgiu e normalmente são a resposta das organizações para saná-lo. Segundo porque os clientes finais estavam localizados em outros países, e isso adicionava elementos geográficos e culturais ao contexto. Terceiro porque o cliente estava furioso e desacreditado em função do tempo que havia passado desde o início do problema. E, por último, porque eu era um recém-chegado que não possuía minha rede de relacionamentos estabelecida, além de não estar familiarizado com a cultura local.

De fato, o cliente era exigente e cobrava ações constantemente, mas, como eu disse, clientes são clientes e não temos o que fazer a não ser entendê-los e lidar com a situação. Eu o compreendia e tinha ciência de que realmente os problemas para os seus clientes eram sérios, impactando seus negócios. Sendo assim, o caminho que escolhi foi buscar a proximidade e o envolvimento do cliente em vez de culpá-lo. Crises precisam ser geridas como crises, e não como projetos normais. Em vez de enviar relatórios de status padrão semanais, eu estabeleci duas reuniões diárias: a primeira de uma hora para discutirmos tecnicamente os problemas do dia e ajustar o planejamento para os próximos dias e, na sequência, uma reunião de meia hora com o cliente para compartilhar de maneira extremamente transparente o que estávamos fazendo.

Se a falta de comunicação gera alucinação, comunicação transparente e constante gera tranquilidade. O cliente percebeu que não estávamos escondendo nada e sentiu também que estávamos nos esforçando ao máximo para resolver o problema, já que ele acompanhava no detalhe todas as nossas ações. Quando necessário, eu o envolvia mesmo nas reuniões técnicas,

O cliente: esse ser incompreendido 93

para que ele pudesse nos ajudar a tomar algumas decisões que dependiam de uma decisão do negócio, como, por exemplo, janelas para *go-live* da solução ou a escolha da melhor maneira de se comunicar com os clientes finais.

Os problemas encontrados no início se mostraram muito mais difíceis de resolver do que o previsto, além de termos encontrado tantos outros. Mas mesmo nesse processo nunca escondemos nada do cliente, que acompanhava todo o trabalho de perto. Fazendo isso, conseguimos um ganho imediato de credibilidade que foi fundamental para diminuirmos a pressão e avançarmos.

Os trabalhos ainda continuaram, com muita dificuldade, mas sempre mantendo o envolvimento com o cliente. Ao final de dois meses todos os problemas tinham sido resolvidos. Nosso cliente estava tão satisfeito que nos convidou para um encerramento oficial dos trabalhos, com direito a champanhe e agradecimentos.

A falta de comunicação gera alucinação, e em função disso nossos clientes podem apresentar comportamentos considerados agressivos ou piores. Porém, em certos casos, é bem possível que eles estejam reagindo dessa forma porque não estavam sendo envolvidos da maneira apropriada.

Depois do episódio, fazendo uma reflexão sobre tudo que passou, cheguei à conclusão de que um dos fatores-chave de sucesso dessa força-tarefa foi o envolvimento com o cliente. Se tivéssemos tomado as mesmas ações sem envolvê-lo, teríamos tido muito mais problemas, pressão, estresse e provavelmente não teríamos chegado ao mesmo resultado, pelo menos não no mesmo prazo. Então, se você não faz isso ainda, pense em envolver mais seu cliente nos próximos projetos.

Nos casos dos clientes externos, a dificuldade em situações similares às que acabei de descrever são maiores. Isso se dá em função de vários fatores, como, por exemplo, a política de restrição de informações que impede o gerente de projetos de compartilhar pontos sensíveis como o custo real do projeto, dependendo da modalidade de contratação. Além disso, clientes externos possuem normalmente uma cultura diferente da cultura da empresa fornecedora do projeto, mesmo quando falamos de projetos dentro de um mesmo país. Quando pensamos nos casos mais extremos com clientes em outros países, de cultura e idiomas diferentes, então, temos um grande fator de distanciamento entre projeto e cliente.

Veja o próximo exemplo. Recentemente um colega me disse que ele acabara de participar de uma primeira reunião com seu novo cliente na Índia. O mais engraçado foi sua resposta quando perguntei qual tinha sido a sua impressão. Ele me disse: "veja, eu não estou bem certo, já que só entendi 20% do que ele falou". Imagine, eu falando aqui de manter proximidade com o cliente e este pobre gerente de projetos sequer entendendo o seu!

94 Manual de Sobrevivência para Gerentes de Projetos

Mais uma vez, o segredo para minimizar os impactos decorrentes de projetos com clientes externos, de outra cultura ou outra diferença relevante, é buscar a sua proximidade. Para isso, reserve um tempo para visitar seu cliente logo no início do projeto. Faça perguntas, visite as instalações, conheça as pessoas e principalmente concentre-se no foco do seu projeto. Se ele for um projeto de produção, visite a fábrica, conheça os operadores, faça perguntas. Se for de construção, visite as obras, converse com os engenheiros e assim por diante.

Projetos, em sua maioria, precisam resolver problemas de negócios. Se você não entender o negócio do seu cliente, como você espera ajudá-lo? Requisitos são importantes, mas não contam toda a história. Então, em seu próximo projeto, dedique um tempo para realmente conhecer seu cliente. Tenho certeza de que você colherá os frutos dessa ação ao longo de todo o projeto.

Outro fator de dificuldade natural que afeta a interação com o cliente é o método de gestão de projetos empregado. Na verdade, o problema é ainda mais amplo: além do método, a governança vigente também pode criar problemas. Já presenciei em minha carreira o gerente de projetos ser deliberadamente proibido de contatar o cliente. Existiam papéis de gerentes de conta e analistas de negócios que faziam essa interação, mas, felizmente, não vi muitos casos como este.

Infelizmente, muitos gerentes de projetos acreditam que podem gerir seus projetos sem nunca visitar seu cliente. Não estou dizendo que não seja possível trabalhar dessa maneira, mas será muito mais difícil. Isso vai variar muito de acordo com a natureza do projeto. Em alguns casos uma abordagem mais isolada até pode funcionar, e em outros será impossível. Eu particularmente recomendo que você sempre se envolva ao máximo com seu cliente.

Se você não fizer isso, seu cliente poderá se sentir desinformado e, de novo, apresentar sintomas de "alucinações". Se não tratarmos diretamente com os clientes e todos os envolvidos, nunca saberemos exatamente o que eles pensam e nunca poderemos mostrar nossa visão sobre o projeto. A lição aqui é simples: se o método ou a governança utilizada nos impede de ter um contato muito próximo com o cliente, então precisaremos nos utilizar de inteligência e criatividade para desenvolver mecanismos que nos permitam manter essa proximidade. Sem isso, corremos o risco de entregar uma solução que não é a mesma solicitada pelo cliente. Se por um lado precisamos ter formalizados os requisitos do projeto, nada melhor que uma boa conversa para entender exatamente o que eles pensam. Sentimentos não são facilmente traduzidos em palavras. E lembre-se de que um gerente de projetos precisa fazer boas entregas através ou apesar do método de gestão de projetos vigente.

Para conseguir isso não existe uma fórmula mágica, e para cada situação você terá que atuar de maneira específica. Promover reuniões presenciais mais constantes pode ser uma boa alternativa. Em outros casos, uma reunião rápida semanal será suficiente. Dependendo do cliente, relatórios de status serão o principal veículo de comunicação. Em outros casos, os clientes irão ligar para você várias vezes por dia. Seja lá o que você fizer, mantenha-se o mais perto do cliente possível, e isso evitará problemas no futuro. Deixe o cliente sempre bem informado.

6.4. Entenda seu cliente e garanta que ele está entendendo você

Agora eu gostaria de falar um pouco sobre outro fator que dificulta as relações com os clientes. Se analisarmos os projetos de tecnologia, por exemplo, em geral os gerentes de projetos desse setor estão muito despreparados para lidar com o negócio. O modo de pensar e a velocidade são muito diferentes, por exemplo. Do lado do cliente o problema não é menos crítico. Executivos mostram inúmeras limitações quando se trata de projetos de tecnologia.

Um exemplo onde essa maneira de pensar diferente se mostra difícil é o momento de traduzir os desejos dos clientes em requisitos. Desculpe o "tequiniquês", mas, por exemplo, poucos gerentes de projetos de negócios entendem requisitos não funcionais (como desempenho, disponibilidade, compatibilidade, tolerância a falhas, entre outros) e por isso não dão muita importância a eles. Se não tivermos um gerente de projetos de tecnologia que traga a questão à tona de maneira simples para que esses requisitos sejam bem descritos e acordados, então temos a receita para uma potencial bomba atômica. Veja um exemplo simples de uma questão sobre um requisito não funcional. Imagine que você solicitou uma funcionalidade de poder consultar se um cliente possui crédito disponível. Este seria um requisito funcional, ou seja, o sistema precisa possuir a função de consultar o crédito. Um requisito não funcional nesse caso poderia ser quanto tempo essa consulta deveria levar. Trinta segundos ou dois dias? Acho que você entendeu por que mencionei as palavras "bomba atômica".

Em um projeto que participei, apesar de não ser responsável pela parte de sistemas, emiti alertas constantes ao gerente de projetos, para que ele exigisse claramente os níveis de desempenho (ou requisitos não funcionais) esperados. Eu conhecia o assunto com relativa propriedade e sabia que havia um problema. Minha suspeita vinha do fato de se tratar de um novo sistema que nunca tinha operado no volume esperado para a nova fábrica. O gerente de projetos em questão ignorou meus alertas, já que pensava apenas nas funções do sistema. Quando os testes começaram, operações que deveriam levar 15 minutos levavam entre duas e três horas. Isso é algo extremamente grave, pois você não corrige algo assim tão rapidamente, o que pode levar ao atraso do seu projeto por vários meses. Eis um problema que poderia ser evitado por qualquer uma das partes com uma simples tabela mostrando todas as transações do sistema e os seus respectivos tempos de resposta para um determinado volume.

96 Manual de Sobrevivência para Gerentes de Projetos

Esse exemplo é bem representativo dessa visão diferente. Gerente de projetos de negócios pensam negócios e gerentes de projetos de tecnologia pensam tecnologia, assim como gerentes de projetos de engenharia pensam engenharia. Eu, por outro lado, defendo a causa de que se você é um gerente de projetos, você precisa ter um conhecimento mínimo do que acontece do outro lado ou nunca conseguirá desempenhar suas atividades em alto nível. Eu citei o caso de tecnologia, onde essa distância é mais evidente, mas o problema acontece em inúmeros setores.

Os projetos iniciam com os clientes expressando o que desejam, e cabe a nós compreendê-los e apresentar uma solução de maneira que eles compreendam. Porém, cuidado, pois em grande parte dos casos eles não estarão nem um pouco preocupados com os detalhes da solução que você irá apresentar, desde que suas necessidades sejam atendidas, e é aí que entram em cena os requisitos. Eles são a chave para que projeto e clientes tenham um claro entendimento do que deve ser entregue. Simplifique essa parte, utilize termos simples e deixe seu cliente confortável com a solução que está sendo proposta, para que este possa aprová-la sem medos. Em outras palavras, entenda seu cliente e certifique-se de que ele está entendendo você. Para isso, a dica é menos termos técnicos e mais clareza.

Certa vez, em um projeto, tínhamos dois cenários tecnicamente bastante diferentes que deveriam ser aprovados pelo cliente. O assunto era realmente nebuloso, com a maior profundidade técnica que você possa imaginar. Em vez de falar da tecnologia empregada, que poderia gerar confusão, chamei apenas de cenário A e B, sem revelar a tecnologia que estava por trás, e apresentei os benefícios e malefícios de cada cenário, seguido da minha recomendação de maneira extremamente objetiva. O que nunca revelei é que por trás de cada *slide* existia um enorme estudo técnico que tinha sido conduzido ao longo de três meses. Importante dizer também que esse estudo estava disponível durante a reunião em outra apresentação, caso o cliente desejasse entrar nos detalhes, o que não é muito comum, mas que eventualmente acontece e por isso gosto de estar preparado.

O cliente não teve dificuldade em se decidir e acabou por seguir minha recomendação, que na verdade seguia a recomendação do meu arquiteto de tecnologia. Para completar o exemplo, eu queria destacar o fato de que uma recomendação foi feita. Vi, ao longo da minha carreira, vários gerentes de projetos apresentarem soluções que continham inúmeras referências técnicas, mas que no final não apresentavam uma recomendação. Isso gerava extrema frustração no cliente, que se sentia perdido. Prover uma recomendação é sempre aconselhável, salvo quando você realmente não está seguro do que recomendar – mas, mesmo nesse caso, compartilhe sua análise e explique os fatores que o impediram de recomendar uma solução. Você ficará surpreso como o cliente pode se envolver e prover boas informações que levem a uma boa decisão.

O cliente: esse ser incompreendido 97

Não só cada projeto é único, como cada pessoa também é, e você encontrará vários perfis de pessoas ao longo da sua carreira. Eu, por exemplo, tenho minha formação em negócios, além de muitos anos gerindo projetos de negócios e tecnologia. Particularmente, me interesso em discutir questões técnicas com os gerentes de projetos de tecnologia e vice-versa, mas normalmente essa não é a regra. Se seu cliente possui uma base sólida na área do seu projeto, não hesite em ser mais técnico com ele, pois ele pode apreciar. Se não, mantenha as coisas simples e garanta que vocês tenham um entendimento claro do que precisa ser entregue.

Clientes são clientes e não vão mudar. Não espere que eles entendam as suas dificuldades e que você entenda as deles desde o início. Em vez de se lamentar, coloque-se no lugar do cliente, compartilhe suas opiniões, entenda-o, mantenha-o envolvido e se certifique de que vocês estão se entendendo. Fazendo isso você conseguirá avançar de maneira tranquila e essa relação com o cliente será benéfica durante todo o projeto.

7

Governança: afinal, quem manda aqui?

7.1. Governança em projetos é coisa séria

Apesar de ser difícil encontrar uma definição simples que sintetize toda a complexidade do tema, podemos dizer de maneira objetiva que a governança determina como um grupo está organizado para tomar decisões. Essa organização envolve definir quem tem poder para tomar decisões, como essas decisões são tomadas e também como é a prestação de contas dessas decisões (oriundo do termo *accountability* em inglês). Em outras palavras, como o próprio nome sugere, a governança define como uma ação é "governada".

O *sponsor*, responsável maior pelo projeto (*accountable*), é sem dúvida o ator mais importante quando se trata da governança. É ele quem financia o projeto e, portanto, tem grande influência sobre ele. Por tudo isso, ele deveria também ser o maior interessado nos seus resultados. Apesar de sua importância, nem sempre o *sponsor* estará presente. Talvez ao longo do seu projeto ele sequer aparecerá para dar um oi, simplesmente porque não quer ou porque não pode. *Sponsors* podem exercer cargos de alto escalão e serem muito ocupados, portanto, precisam delegar seu poder sobre o projeto a outras pessoas, e é aí que a governança entra em cena.

Um *sponsor* pode definir a estrutura que desejar para o projeto e delegar o quanto quiser de seu poder – tudo isso, é claro, desde que não haja um método de governança corporativa que o obrigue a fazer diferente. Isso resulta em uma diversidade enorme de tipos de governança de projetos em função das diferentes preferências dos *sponsors*. Eles podem, por exemplo,

Governança: afinal, quem manda aqui? 99

guardar para si a maioria das decisões sobre um projeto, delegando muito pouco. Em outros casos, o *sponsor* pode delegar todo seu poder a outra pessoa ou a um comitê de pessoas. Quando for este o caso, é usual existir um líder desses comitês que chamamos de *chair person,* que nada mais é do que o líder do grupo que recebeu o poder do *sponsor* para "governar" o projeto. Existe ainda a possibilidade de o *sponsor* delegar todo seu poder diretamente a um gerente de projetos, o que não é muito comum, mas eventualmente acontece.

Se feita de maneira correta, essa delegação pode resultar em estruturas claras de poder; se não, em estruturas complexas que sequer conseguem responder à pergunta mais importante: quem manda no projeto? Se você não conseguir ter essa pergunta respondida, estará em graves apuros. Mesmo nos casos onde você conseguiu, apesar de toda a complexidade, identificar quem manda, será que isso está claro para o resto da organização? Talvez possa parecer algum problema teórico e irreal, mas eu garanto que essas indefinições são muito mais comuns do que se possa imaginar.

Quanto ao modo como essas decisões são tomadas, isso nada mais é do que estabelecer regras para o processo decisório. Essas regras podem ser extremamente simples (ou quase inexistentes) quando o *sponsor* apenas delega sua autoridade sem impor qualquer condição. Porém, por receio de dar poder sem limites, regras de governança são normalmente impostas. Por exemplo, quando foi outorgado a um comitê o poder sobre o projeto, uma regra pode definir que todas as decisões precisam de aprovação da maioria do comitê, o que nesse caso criaria um *chair person* fraco. Em outros casos, a regra pode dizer que ao comitê cabe deliberar sobre as questões do projeto, mas ao *chair person* cabe tomar as decisões, o que criaria um *chair person* forte.

Outro aspecto importante sobre a governança é a prestação de contas (*accountability*). Às vezes, erroneamente confundido com poder decisório, a *accountability* não diz respeito exclusivamente ao poder de decisão, mas principalmente à prestação de contas sobre ela. Por exemplo, reis nos tempos antigos tomavam decisões e não precisavam explicar a ninguém por que as tomavam. Tinham o poder e não precisavam prestar contas a ninguém. Reis atuais de monarquias democráticas, por outro lado, não só tiveram seu poder reduzido como precisam agora prestar contas sobre suas decisões. Voltando ao mundo empresarial, um presidente de empresa é o responsável maior (*accountable*) pelo resultado da sua empresa, mesmo que seu poder esteja diluído em inúmeros *stakeholders* de diversos níveis organizacionais. Quando as coisas não vão bem, cabe a ele dar explicações aos acionistas, que irão promover sua substituição se não estiverem satisfeitos.

O mesmo acontece no mundo dos projetos. Em função das regras de transparência organizacional, mesmo nos casos onde um *sponsor* decide não delegar seu poder, ainda assim ele precisará prestar contas sobre seus atos e decisões. Enquanto a autoridade pode sempre ser

100 Manual de Sobrevivência para Gerentes de Projetos

delegada, a *accountability* não pode. Sendo assim, um *sponsor* sempre terá que prestar contas sobre o desempenho do projeto. Talvez para seu chefe imediato? Um diretor de nível superior? O presidente da empresa? O acionista? O portfólio do projeto?

E onde entra o gerente de projetos nessa história? Ora, o gerente de projetos é apenas mais um ator que faz parte desse processo de governança como qualquer outro. Um *sponsor* pode delegar seu poder de decisão para um comitê, que por sua vez irá delegar a um gerente de projetos, por exemplo. Com base nisso, é possível entender por que em determinadas organizações temos gerentes de projetos superpoderosos, enquanto em outras temos gerentes de projetos que mais se assemelham a secretários de luxo.

Mas será que realmente cabe sempre ao *sponsor* definir todo esse processo, estabelecendo quem serão os responsáveis por tomar decisões, qual seu nível de autoridade, além de determinar como as decisões deveriam ser tomadas? Sim, cabe ao *sponsor, e* apenas a ele, salvo quando regras de governança de projetos definirem o contrário. Se elas dizem que um comitê precisa existir, que para um *chair person* será outorgado o poder decisório, e que um gerente de projetos precisa existir, então assim será. Mesmo o *sponsor* precisa seguir as regras de governança corporativa vigentes. Quanto mais madura uma organização for em gestão de projetos, maior e mais conhecida será a presença de regras de governança em projetos.

Apesar de toda a sua importância, às vezes tenho a impressão de que as pessoas têm uma imagem distorcida de governança, e não digo isso apenas com relação aos projetos, mas no sentido amplo. Não raro, a governança é vista como algo obrigatório, mas sem utilidade, que algum método de gestão exige que seja respeitado, e não como algo que pode trazer grande contribuição para a gestão eficiente de um projeto.

A governança em projetos estabelece a estrutura, os respectivos níveis de responsabilidade, procedimentos e regras que servirão de base para a tomada de decisões do projeto e sua condução. Isso é algo vital para o bom funcionamento de qualquer projeto. Quando essa governança é estabelecida de maneira adequada, o processo decisório flui normalmente, com decisões tomadas no nível adequado e sem atrasos. Quando não, o projeto pode sofrer de uma confusão desnecessária, atrasos, excesso de custos, entre tantos outros problemas. Acredite em mim: governança não é mera burocracia, é coisa muito séria.

Objetivos confusos ou mesmo inexistentes, pressão por custo, prazo e qualidade, gestão de equipes, clientes exigentes, mudanças constantes, entre centenas de outros fatores, tornam os projetos altamente desafiadores. Ter que lidar com essa dinâmica é algo esperado e é a essência do trabalho de um gerente de projetos. Por outro lado, o que não deveria ser esperado são os problemas de governança, como o gerente de projetos ser cobrado por atrasos em função de decisões lentas. Deixe-me dar um exemplo simples do quão sério isso pode ser.

Governança: afinal, quem manda aqui? 101

Em um projeto extremamente crítico que liderei, estávamos tentando cumprir algumas datas quase irreais impostas pelo nosso cliente. Para conseguir vencer o desafio, eu lancei mão de todo o meu arsenal de armas convencionais e não convencionais para acelerar as coisas. Eu consegui exceções ao cumprimento do processo, liguei para todas as pessoas que conhecia e que sabia que podiam me ajudar, usei minha rede de contatos para descobrir atalhos, enfim, com muito esforço consegui manter o projeto no prazo.

Em determinado momento, para poder avançar, precisávamos de uma aprovação de compra por parte de um diretor. A operação consistia em ele entrar no sistema e confirmar o pedido de compra, processo este que não deveria levar mais do que cinco minutos. Tudo estava aprovado, seguindo as especificações, o orçamento reservado, e se mesmo assim houvesse dúvidas, ele poderia saná-las rapidamente comigo. Para tornar a história breve, em vez de cinco minutos, o projeto ficou parado por três longas semanas! Eu tentei tudo que pude, usei minha estrutura de governança ao máximo, escalei os problemas, mas, no final das contas, um diretor não recebe ordens – pelo menos não do *chair person* de um projeto. Resultou que apenas depois das três semanas é que ele resolveu apertar o botão e aprovar a compra, sem qualquer questionamento, mas daí já era tarde. Todo nosso esforço tinha sido em vão, e tive que de novo trabalhar arduamente para encontrar uma solução, que na verdade, em função do atraso, agora consistia basicamente em gerenciar o estrago causado.

Você ainda tem dúvidas de por que a governança deveria existir e ser eficaz? Este é um bom exemplo do porquê. Lembre que a *accountability* permanecerá sempre com o *sponsor,* tendo ele delegado as decisões do projeto a outra pessoa ou não, ou tendo ele dependência da ação de outros diretores ou não. Em uma governança perfeita, o gerente de projetos iria reportar a paralisação do projeto ao seu *sponsor* ou comitê, que na sequência iria solicitar ao diretor em questão tal aprovação. Se isso não ocorreu, a governança falhou. Talvez porque o responsável pelo projeto em questão não tem na prática o poder que deveria? Ou porque, apesar do processo de governança estabelecido, ele não é difundido e aceito pela organização? Talvez porque o processo deveria prever casos onde o responsável pelo projeto também precise de alguém para escalar os problemas quando ele não se sente com poder para tal? No final das contas, o *sponsor* pode não ter tanto poder quanto nós imaginamos.

Em outros casos, a governança não falha por falta de poder de sua estrutura, mas por problemas internos a ela. Recentemente encontrei uma colega gerente de projetos que estava desconsolada porque seu novo *chair person* não se interessava pelo projeto e não mostrava sinais de querer ajudar. Não é muito comum, visto que ele deveria ser o maior interessado, mas situações como essas também não são raras. Entendi seu desânimo porque já vi esse filme muitas vezes. Projetos são muito, muito difíceis, e quando encontramos dificuldades temos frequentemente que recorrer à nossa estrutura de governança para receber apoio. Se no momento esse apoio não é efetivo, então o gerente de projetos se encontra sozinho, o que é algo muito ruim.

102 Manual de Sobrevivência para Gerentes de Projetos

Eis uma das situações que mais me incomoda em gestão de projetos. Eu fico frustrado, revoltado, indignado, pois, além da situação ser grave, não há muito que fazer. Com maior ou menor eficácia, conseguimos quase sempre achar soluções para os problemas de gestão de projetos. Eu digo quase porque quando os problemas estão em um nível acima do nosso não existe muita margem de manobra por parte do gerente de projetos. Não podemos dizer ao *sponsor*: "infelizmente você não tem tomado as decisões que deveria nem me dado suporte na condução do projeto, e por isso eu gostaria de solicitar a sua substituição". Pela lógica dos negócios, são os chefes (mesmo que funcionais) que substituem seus subordinados, e não o contrário.

Uma última observação. Se o contexto da empresa em que você atua não envolve métodos estruturados de governança (simples ou complexas), não se preocupe. Isso não altera em nada o que estou discutindo aqui. O importante é que, para uma gestão eficiente de projetos, a governança esteja presente e que seja explícita e conhecida, seja ela formal ou informal. Se você tem, por exemplo, um processo decisório claro, além de ter ações previstas quando esse processo não funciona como planejado, de modo que o projeto não seja impactado, então é o que importa. Não se preocupe muito com termos "sofisticados" como "comitês decisórios" ou coisas do tipo. Processos e jargões não são sinônimos de eficiência.

7.2. Governança e o processo decisório

Às vezes temos a tendência de complicar algo que deveria ser simples. Talvez toda essa discussão de governança seja um pouco isso. Não perca de vista o essencial, que é garantir que, apesar da dispersão de poder entre diversos atores, o processo decisório seja eficiente e de qualidade.

Pode parecer básico, mas o primeiro passo para atingir essa eficácia é entender de quem é a responsabilidade pela tomada de decisão e qual sua autonomia. Esta é uma informação que todo gerente de projetos deveria ter. Mas espere aí: por que "deveria" e não "deve"? Bem, você já deve ter percebido que em inúmeros casos essa clareza no processo decisório não é tão evidente, normalmente em função de uma governança complexa. No processo de delegação de poder do *sponsor,* o que ocorre é que, muitas vezes, esse poder se encontra disperso por diversos grupos. Consequentemente, a clareza de quem decide o quê é perdida.

Todo esse problema dependerá do tipo de estrutura de governança no qual o projeto está inserido. Existe um *sponsor*? Quem é o *sponsor*? A quem foram delegadas as decisões? Quem pode decidir sobre o quê? Essas são questões que precisam estar respondidas desde o início do projeto, principalmente para que essa responsabilidade não recaia sobre o gerente do projeto, o que é especialmente evidente quando um projeto falha. Nesse momento as atenções se

Governança: afinal, quem manda aqui? 103

voltam para o culpado óbvio, que é o...? Gerente de projetos, é claro! Mas espere um pouco. Se a *accountability* sobre o projeto, independentemente da delegação de poder, permanece sempre com o *sponsor*, por que então culpar o pobre gerente de projetos? Porque a bomba sempre explode na mão de quem a está segurando, e normalmente é o gerente de projetos que se encontra perto das bombas – e se ele não passar a bomba a tempo para quem deveria desarmá-la, vai acabar se machucando. O gerente de projetos está sempre em evidência, para o bem e para o mal (apesar de normalmente para o mal). Em cada relatório, em cada apresentação do projeto, está o seu nome, mas raramente o do *sponsor*. Então é normal esperarmos que, na hora de culpar alguém, o gerente de projetos seja essa pessoa. Outra coisa: você pode entender de governança de projetos, mas o resto da sua organização não, e não raro você encontrará pessoas que pensarão que o responsável pelas decisões do projeto é o gerente de projetos. E voltando à questão da bomba, além de ter que se livrar dela, o gerente de projetos precisa ter certeza de que existe só uma bomba, o que nem sempre é o caso. Por vezes temos algumas explosões inesperadas.

Poucas pessoas compreendem estruturas de governança de projetos. Não entendem que normalmente um gerente de projetos é um executor e presta contas ao seu *sponsor* ou seu *chair person* (quando comitês existem) dentro dos limites que lhe foram impostos. Esse desconhecimento, aliado a uma estrutura de governança ineficiente, não deixa claro quem está no comando do projeto – e, na dúvida, a culpa cai no gerente do projeto. Não se assuste, isso é normal, e é por isso que, se as pessoas não sabem quem é o responsável pelo projeto, você precisa saber. Caso contrário, você ficará acuado se defendendo de acusações que não cabem a você.

Uma vez identificadas as pessoas responsáveis pelo projeto, você precisa envolvê-las entrando em um acordo sobre como elas esperam que o processo decisório ocorra. Você terá reuniões semanais? Se houver uma questão urgente você pode contatá-las diretamente? Que tipo de informações elas esperam de você? E por que não entrar em um acordo sobre os seus níveis de autonomia? Sem essas questões respondidas, dificilmente o processo decisório funcionará como deveria.

Deixe-me dar um exemplo. Em um grande projeto que liderei (não diria crítico para o negócio, mas de alta criticidade), com cerca de um ano antes da data prevista para seu término eu já estava convencido de que não seria possível entregá-lo no prazo. Eu explorava a minha governança ao máximo e fazia todos os alertas possíveis. Eu reportava o status ao meu comitê decisório, que comunicava ao gerente de projetos do cliente, que escolhia o que iria reportar ao seu comitê decisório, que não tomava as decisões que devia, que resultou um ano mais tarde em uma situação realmente crítica, quando já era tarde. O que se viu na sequência foi uma mobilização desorganizada, com alto nível de estresse e pouca eficácia.

104 Manual de Sobrevivência para Gerentes de Projetos

Este é um exemplo em que a governança falhou. As decisões que deveriam ter sido tomadas simplesmente não foram. Nenhum dos responsáveis pelas decisões do projeto se deu conta da gravidade do problema. Talvez porque no fim ninguém se sente realmente responsável quando compartilhamos demais o poder sobre o projeto. É mais ou menos como o ditado popular que diz que "cachorro que tem dois donos morre de fome". Problemas de cuja gravidade eu tinha plena ciência eram completamente ignorados pelos decisores do projeto. Um exemplo disso era a disponibilidade de recursos após a implantação do projeto. Eu sabia, pelo contexto que vivíamos, que o projeto iria necessitar de uma estabilização longa e trabalhosa de pelo menos seis meses, mas na percepção de várias pessoas o trabalho seria concluído em quatro semanas. Não importava o quanto eu enfatizasse a questão e reportasse as dificuldades, o problema não era levado a sério. Claro que me deram razão, mas isso apenas três meses após a implantação do projeto, onde a situação ainda estava longe do ideal. Sinceramente, às vezes eu odeio ter razão!

Em outros momentos, não é bem a percepção do problema, mas como o problema é informado que dificulta o processo decisório. Se você sabe que seu interlocutor imediato teve acesso aos detalhes de um problema, o mesmo pode não ser verdade para os outros níveis da estrutura decisória do projeto. É mais ou menos igual à brincadeira do telefone sem fio, acrescentada de uma pitada de interpretações e eufemismos. Uma frase do tipo "com a disponibilidade de recursos atual a probabilidade de atraso na entrega do projeto é altíssima" vira facilmente "o projeto necessita de suporte para assegurar o engajamento de alguns recursos". E isso ainda no melhor dos casos, quando a frase efetivamente chega aos níveis que deveria.

Claro que a camada da gestão de portfólio tem grande culpa em todo esse imbróglio, porque, por norma, ela tem a obrigação de saber o que acontece com os projetos, mas, infelizmente, muitas vezes ela apenas consolida relatórios em uma ferramenta na intranet, além de gerar gráficos lindos que não dizem muita coisa. Isso nunca será suficiente para realmente saber o que acontece nos projetos. E isso ainda quando a camada de gestão do portfólio de projetos existe, o que normalmente não é o caso.

Então como é que você, enquanto gerente de projetos, resolve isso? Bem, essa resposta é muito simples: não resolve! Não é seu problema e você não tem poder sobre isso. Compreenda a estrutura de governança de projeto e lide com ela da melhor maneira possível a seu favor, mas não se esqueça de que não foi você quem definiu as regras sobre a delegação de poder e decisões do projeto. Problemas de governança deveriam ser resolvidos pelo seu *sponsor*, pelo PMO, pela gestão do portfólio de projetos, ou na ausência desses, por qualquer outra instância responsável, mas nunca pelo próprio gerente de projetos. Talvez você consiga influenciar um pouco dependendo do contexto, mas isso é tudo.

Governança: afinal, quem manda aqui? 105

Você deveria sempre se concentrar na sua estrutura de governança e tentar achar soluções sempre através dela. Trabalhe com a pessoa ou grupo de trabalho responsável pelo projeto e estabeleça a melhor forma de atuar. Se for uma única pessoa, a tarefa será facilitada, mas se você se reportar a um comitê a coisa pode complicar. Quanto mais pessoas, maior complexidade do processo decisório é esperada. Se este for o caso, não se preocupe. Saiba claramente como as decisões serão tomadas – e, especialmente no caso de comitês, quem toma as decisões operacionais. Não é possível marcar reuniões com várias pessoas a todo o momento para discutir questões não tão importantes.

Saber quem decide é fundamental quando você se reporta a um comitê. Em meu último projeto, meu *chair person* decidia praticamente 95% das questões do projeto, deixando apenas os assuntos mais críticos para o restante do comitê. Isso ajuda muito a dar velocidade ao projeto, mas é preciso entender que isso sempre irá variar de projeto para projeto, mesmo na mesma empresa, sob o mesmo método de gestão. Você precisa saber quem toma as decisões e pronto. Se for um comitê com um nome elegante ou apenas seu chefe, não importa. O que importa é que isso esteja claro e que seja oficial.

Igualmente importante à identificação dos tomadores de decisão é o processo e o prazo. Não faz sentido ter que aguardar a próxima reunião do seu comitê para conseguir uma resposta a um problema. Defina antecipadamente os modos de como escalar rapidamente questões urgentes. Infelizmente, em vários momentos, e em função do contexto, precisamos ser reativos, e qualquer demora pode ter consequências. O tempo da tomada de decisão é tão importante quanto a decisão em si, dependendo do caso. Parafraseando nosso excelentíssimo ex-ministro do supremo Joaquim Barbosa, "justiça que tarda não é justiça". Da mesma forma, decisão que tarda não é decisão se tiver passado do prazo e perdido sua utilidade.

Então vamos lá. Você sabe quem toma as decisões sobre o projeto, conhece o processo de tomada de decisão e definiu inclusive detalhes para escalar decisões urgentes. Mas o que fazer quando quem deveria tomar as decisões não as toma? Infelizmente, se seu *sponsor*, comitê ou qualquer instância que deveria tomar as decisões não as toma em tempo hábil, você não tem muito que fazer. Você escala problemas para o seu *sponsor*, mas quando seu *sponsor* é o problema, você não tem para quem escalar.

Salvo por vias informais, você não pode passar por cima do responsável pelo seu projeto, sob pena de se colocar em situação no mínimo delicada. Porém, quando a coisa estoura a primeira pergunta é sempre: "quem é o gerente do projeto?". Nesse momento, inúmeros diretores e vice-presidentes vão fazer o que deveriam ter feito há muito tempo e ligar para você para saber o que está acontecendo. E quando um diretor ligar pedindo explicações, você irá responder calmamente após suas palavras de indignação e cobrança: "claro, senhor diretor. Eu não só entendo sua indignação e preocupação como eu as compartilho. Eu estou plenamente ciente desses pontos falhos que você comentou. Na verdade, eu os havia identificado muitos

106 Manual de Sobrevivência para Gerentes de Projetos

meses atrás e os reportei ao meu comitê do projeto como sendo críticos e que precisariam de uma ação imediata. Eu imaginei que você estivesse ciente, mas se quiser posso encaminhar meus relatórios anteriores e me coloco à disposição caso precise de mais informações". Em seguida você encaminhará os relatórios e depois disso nunca mais ouvirá falar desse diretor, mas eu garanto que alguém irá. Não é o tipo de coisa que sinto prazer em fazer, mas é necessário. Não é questão de culpar alguém, mas simplesmente mostrar que você fez seu trabalho, identificou o problema e emitiu os devidos alertas às pessoas responsáveis. Se depois disso nada for feito a respeito, não é culpa sua.

Outro ponto importante é que falamos muito de processo decisório, mas não tanto da qualidade das decisões. Minha pergunta é simples: você considera que os decisores do seu projeto estão capacitados para tomar decisões? As decisões tomadas vão no bom sentido e o ajudam a executar o projeto? Se não, quem será penalizado no final do projeto, visto que o seu nome está extremamente ligado a ele? Essa eu acho que sequer preciso responder, preciso?

Se este for o seu caso, acredite, você não é o único. Grande parte dos responsáveis pelos projetos não recebeu treinamento formal para atuar como tal, e muitos não têm conhecimento suficiente de projetos para realmente tomar boas decisões. Mesmo no caso onde o *sponsor* atua como decisor, nem sempre ele é a pessoa mais qualificada para gerir o projeto. Em muitos casos, o conhecimento de gestão de projetos é extremamente baixo, e você se sente um extraterrestre tentando ensinar uma língua alienígena. Quantos decisores de projetos compreendem os conceitos de *baseline* de tempo, custo e escopo? E olha que isso é o básico do básico. Um CEO de uma grande marca de varejo uma vez admitiu que, embora ele fosse o *sponsor* do projeto, ele não tinha muita clareza do que deveria fazer. A verdade é que *sponsors*, ou membros de comitês decisórios, têm frequentemente deficiências técnicas sobre o assunto, não apresentando assim um grande desempenho na condução do projeto.

Projetos de grande complexidade e relevância para o negócio são muitas vezes governados de maneira amadora, e o resultado não é apenas insuficiente, mas às vezes catastrófico. Eu mesmo já presenciei projetos de milhões de reais em grandes empresas sendo geridos com extremo amadorismo. Nesses momentos eu sempre me perguntava o que os acionistas diriam se pudessem presenciar tudo aquilo, porque no final do dia é o dinheiro deles que estava em jogo, e não o dos decisores dos projetos. Mas você não consegue fazer muita coisa sobre isso, uma vez que é um gerente de projetos e precisa respeitar a hierarquia.

Certa vez perguntei a uma alta executiva de uma grande empresa multinacional, responsável, entre outras, pela área de gestão de projetos, como ela via a situação recorrente de solicitar gerentes de projetos experientes, mas raramente *sponsors* experientes. Afinal das contas, são eles que decidem sobre o projeto. Fui mais além e questionei por que gerentes de projetos são sempre avaliados pela entrega do projeto, mas não as pessoas que tomaram as decisões? Após alguns segundos de silêncio ela respondeu constrangida que caberia ao gerente de projetos se impor e tomar decisões para compensar eventuais deficiências de seu *sponsor* ou comitê decisório. Repliquei sua resposta perguntando se, nesse caso, ela estava aconselhando que os gerentes de projetos não respeitassem a governança vigente e ultrapassassem os limites por ela impostos. Após alguns segundos de silêncio de novo (apenas com o som do famoso grilo imaginário), ela, sem muita saída, disse que iria pensar no assunto e me daria uma resposta – que na verdade é a frase padrão para alguém que não sabe o que dizer.

Na maioria dos casos o gerente de projetos não toma decisões, mas as implementa. O *sponsor*, ou as pessoas outorgadas por ele, toma as decisões. Se tomarem decisões lentas ou ruins, não importa o quão bom você seja, seu projeto irá falhar. Gerentes de projetos conseguem influenciar, acelerar um pouco, evitar algumas armadilhas, mas não têm grande poder de decisão. Isso, é claro, dentro de um padrão esperado, mas é também verdade que contextos específicos podem alterar essas relações de poder.

7.3. Use sua governança sabiamente

Até aqui abordei a essência da governança falando sobre poder, autoridade e processo decisório, mas existe outra parte intrínseca da governança que é essencial para o sucesso dos projetos. Um processo decisório eficaz, com claras definições de responsabilidades, não é o fim, mas um meio. O fim não é tomar decisões rápidas e de qualidade, mas fazer com que o projeto seja bem-sucedido. É claro que se espera que exista uma alta correlação entre os dois, mas, de qualquer forma, continuam sendo coisas distintas. Para isso, um *sponsor* precisa ir além da tomada de decisões e também facilitar, apoiar e dar direcionamento ao projeto. Lembra-se da prestação de contas? O *sponsor,* tendo delegado sua autoridade ou não, continua sendo o *accountable* do projeto – e por conseguinte precisa ser a pessoa mais interessada em seu sucesso. Se o projeto falhar, é ele que deverá prestar contas.

Busque em seu *sponsor* o apoio de que precisa. Mais do que decisões, troque ideias e discuta opções. Use seu poder hierárquico para conseguir fazer o projeto avançar. Quando em crise, envolva-o para que juntos vocês encontrem soluções. Fazendo isso o projeto não só irá avançar conforme o previsto, como você não estará sozinho. A profissão de gerente de projetos é solitária por natureza, não a torne ainda mais solitária do que ela já é. Todas as vezes que vi ou vivi situações nas quais o *sponsor* não se envolvia devidamente, o projeto sofria.

Seu *sponsor*, além de apoiar o gerente de projetos, precisa arcar com a responsabilidade sobre o projeto. Não apenas tomar decisões, mas se responsabilizar por elas. De modo algum você, enquanto gerente de projetos, pode ser responsabilizado pelas decisões que não cabem a você. Use seu comitê, mas, para evitar armadilhas, mantenha seus alertas sempre muito bem formalizados. Se seu comitê não está fazendo um bom trabalho o problema não é seu.

108 Manual de Sobrevivência para Gerentes de Projetos

Porém, é de sua inteira responsabilidade fornecer ao seu comitê as informações pertinentes ao projeto, para que ele tenha subsídios para tomar decisões de qualidade. Quando perceber que nada é feito, é sua responsabilidade elevar o nível de criticidade do alerta. Se ainda assim nada for feito, bem, que seja. Desde que você tenha feito os devidos alertas formalmente, você não terá problemas.

Por outro lado, se você não documentou os alertas e o status do projeto, boa sorte, pois você vai precisar. Ainda existe uma saída, mas essa foge ao meu domínio, visto que ela está mais relacionada a procurar um novo emprego, onde especialistas de recolocação saberiam aconselhá-lo melhor que eu. Você não tem a obrigação de tomar as decisões do projeto, mas tem a obrigação de relatar os problemas e recomendações sobre ele, e se não o fez, então você falhou. Pode inventar a desculpa que quiser, mas você falhou. Por favor, eu lhe peço encarecidamente: não seja amador! Apenas siga essas dicas. Fazendo isso você evitará inúmeras armadilhas e sobreviverá.

Alguns gerentes de projetos idealistas, inconformados com o mau desempenho do projeto e na ânsia de resolver o problema, acabam passando por cima da estrutura decisória vigente, ignorando o responsável pelo projeto e levando os problemas diretamente à alta administração. O que posso dizer sobre isso? Realmente é uma opção (um pouco suicida, é verdade, mas não deixa de ser uma opção). Passar por cima do responsável pelo seu projeto é brincar com fogo, e as chances de você sair queimado são grandes. Se você for um gerente de projetos de muita, muita sorte, pode até conseguir a atenção que deseja para resolver o problema, mas o preço que irá pagar será alto. Se você quer sobreviver e conservar sua carreira de gerente de projetos, eu o desaconselho a fazer algo do gênero. O responsável pelo seu projeto se sentirá traído e não tardará a fazer você pagar o preço pela sua traição.

Eu concordo que é frustrante ver um projeto afundar e a empresa perder dinheiro por incompetência. Mas você não pode ser o salvador da pátria e arcar com as consequências de a empresa ter escolhido decisores incompetentes. A hierarquia existe para ser respeitada. Você só existe porque um *sponsor* desejou que você existisse. Não traia a confiança dele. Ninguém gosta de ser traído.

Mas se você é um desses gerentes idealistas que não pode ver um projeto sendo "maltratado" sem que isso desperte seu lado justiceiro, talvez exista algo que você possa fazer para tranquilizar seu espírito de justiça sem se comprometer. Para alertar a alta administração acerca dos problemas do projeto, sem ignorar os responsáveis, você pode simplesmente incluir na lista de distribuição dos seus relatórios de status (que mostram os problemas) as pessoas da alta administração ligadas ao projeto. Isso dará visibilidade aos problemas sem que você esteja escalando qualquer coisa ou ignorando alguém.

Governança: afinal, quem manda aqui? 109

Normalmente, ninguém irá reclamar ou questioná-lo, até porque você pode responder que todos os *stakeholders* identificados foram incluídos no seu relatório, como de costume. Porém, esteja preparado para a eventual solicitação de exclusão de alguém da sua lista, para que algo seja escondido. Se for alguém fora do seu comitê, diga para a pessoa fazer tal solicitação ao seu *chair person*, e isso normalmente irá dissuadi-la. Agora, se se tratar de um membro do seu comitê, ou alguém da alta administração, então você retira, e, é claro, na sequência manda um e-mail para a pessoa que solicitou a exclusão informando que: "conforme solicitado, fulano de tal foi excluído da lista de distribuição". Guarde este e-mail, e, se no futuro alguém importante questionar você sobre por que parou de receber informações sobre o projeto, você não só terá explicações, como provas. Eu sei, meu lado paranoico pode ter aflorado nesse momento, mas lembre-se de que este livro é sobre sobrevivência, então nada deve ser considerado exagero.

Dependendo do grau de maturidade dos projetos da organização onde você atua, pode ser que exista ainda outro caminho para tentar exercer certa pressão sobre seu comitê sem que você se comprometa. Algumas empresas possuem uma função de suporte de qualidade ou auditoria em projetos. Basicamente este serviço acompanha o projeto em várias etapas de modo a verificar se o método está sendo cumprido e identifica possíveis incoerências. Esse acompanhamento resulta em relatórios de qualidade com todos os pontos avaliados. Na sequência, o relatório é encaminhado ao comitê decisório para sua avaliação e ação.

Em um primeiro momento pode parecer apenas mais um incômodo para o gerente de projetos, que já tem tantas atividades na sua rotina e não gostaria de ter mais alguém cobrando-o por suas atividades. Na verdade, se olharmos sob o prisma da governança, podemos perceber que esta é uma grande oportunidade para o gerente de projetos formalizar e reforçar suas preocupações. O relatório vem de um especialista em gestão de projetos que não faz parte do projeto, e dessa forma seu parecer é imparcial, o que pode dar força aos alertas do gerente de projetos. Eu tenho atuado há vários anos em atividades de suporte a métodos de gestão e acompanhamento de projetos e posso afirmar que tal serviço pode realmente ser útil para o projeto do ponto de vista da governança (entre tantos outros, é claro). Infelizmente, são poucas as empresas que estão aparelhadas com esse tipo de serviço. Se este for o seu caso, use-o não apenas para melhorar a qualidade do seu projeto, mas também para passar mensagens importantes.

Falei bastante ao longo deste capítulo sobre a governança, o papel do gerente de projetos e dos comitês decisórios, mas, dependendo da maturidade da empresa, essas estruturas e regras de governança podem não existir formalmente. Quando a governança não é formalmente implantada, o gerente de projetos corre mais riscos e tem mais trabalho. Na ausência de responsabilidade clara, os problemas tendem a recair sobre o gerente de projetos, pelo menos em um primeiro momento. Eu sei que não cabe a você definir as regras de governança dos projetos, mas pouco importa, pois sua existência é condição *sine qua non* para que você sobreviva. Sendo assim, quando uma governança não existir, você terá que estabelecer uma.

110 Manual de Sobrevivência para Gerentes de Projetos

Não seja preciosista nesse processo e atenha-se ao essencial. Por essencial, quero dizer saber quem é o *accountable* pelo projeto quando o *sponsor* não existir e quem toma as decisões. Crie um documento para registrar esses papéis e suas responsabilidades e em seguida aprove junto aos envolvidos. Eu já passei por situações como essas no passado, e, apesar da surpresa de algumas pessoas que não estavam acostumadas com tal formalismo, elas não se recusaram a assinar tal documento – inclusive gostaram, pois deixava claro seu papel no projeto.

Tomando essa ação simples você consegue estabelecer uma governança mínima para o projeto e assim evitar problemas futuros. Você pode sugerir o que quiser, até mesmo a formação de um comitê e seu funcionamento detalhado. Mas sinta o terreno e lembre-se da expressão inglês *simple is beautiful*. Minha sugestão é: faça o essencial, e com o tempo vá sofisticando um pouco esses documentos em próximos projetos. Você vai ver que, dependendo da empresa, as pessoas vão perceber o valor disso e começarão a adotar as práticas sugeridas por você como referência para projetos futuros.

Governança em projetos pode ser algo extremamente complexo, principalmente em grandes empresas. O gerente de projetos, como regra, não tem muita autonomia para tomar as decisões e acaba dependendo fortemente dessa estrutura. Compreendê-la rapidamente e utilizá-la da melhor maneira possível é fundamental para o bom desenvolvimento do projeto. Não tente ser o gerente de projetos super-homem que vence todos os bandidos sozinhos. Se a decisão não cabe a você, então solicite-a a quem deve tomá-la. Se esta pessoa não a tomar, então documente os impactos. Formalize tudo, pois esses e-mails poderão ser sua única boia de sobrevivência.

Vi alguns gerentes de projetos brilhantes ao longo da minha carreira que não entendiam bem a estrutura de governança na qual estavam inseridos e que acabaram se colocando em situações complicadas, resultando em alguns casos na sua saída da empresa. A carreira de gerente de projetos é naturalmente solitária, então tome as devidas ações para minimizar isso. Se você conseguir compreender essa questão, então terá uma grande chance de desempenhar bem seu trabalho, mesmo em projetos caóticos.

Para finalizar este capítulo, eu gostaria de compartilhar uma última reflexão. Se como regra você, enquanto gerente de projetos, não tem tanta autonomia para tomar decisões, eventualmente você terá, e isso pode ser bom e ruim. Se por um lado lhe dá mais flexibilidade, sempre existe um risco intrínseco em tomar decisões. O que recomendo nesses casos é utilizar esse poder com responsabilidade, tentando sempre compartilhar suas decisões com seu *chair person*, comitê, *sponsor*, ou seja lá quem estiver no comando. Não se trata de pedir aprovação, visto que você tem poder para tal, mas de compartilhar sua decisão de modo que todos estejam de acordo, e para que você consiga apoio para problemas futuros ligados à sua decisão. Isso deve acontecer apenas nos casos das decisões mais importantes, é claro. Para as de menor importância, tome-as e siga em frente.

8

Os processos que me desculpem, mas uma boa equipe é fundamental

8.1. Processos são importantes, mas pessoas são fundamentais

Durante o tempo em que atuei como consultor de processos de negócios, meus clientes me diziam frequentemente coisas como: "nosso processo está ultrapassado; precisamos criar um processo para resolver esse problema"; "precisamos melhorar nosso processo"; e assim por diante, como se bons processos fossem a solução para todos os problemas corporativos. Eu os escutava atentamente e em seguida fazia a seguinte pergunta: "se você tivesse nesse momento apenas duas opções para os problemas que você acaba de me descrever, sendo a primeira ter os melhores processos possíveis, mas uma equipe inexperiente, e a segunda ter uma equipe muito experiente, mas sem processo algum, o que você escolheria?".

Todos eram unânimes em dizer que preferiam ter uma equipe experiente, mesmo que para tanto não houvesse processo algum. Eu concordava e explicava na sequência que o desenho de um processo respondia por uma parcela menor no desempenho de uma atividade quando comparado à qualidade da equipe que executava o processo. Eu trabalhei em muitas melhorias de processos para saber que são as pessoas que fazem a diferença. Afinal de contas, quem executa os processos?

112 Manual de Sobrevivência para Gerentes de Projetos

Quando transporto essa experiência para o mundo de projetos, eu vejo um cenário muito parecido, com as pessoas sempre tendo um papel de destaque. Pode parecer meio clichê, mas eu realmente acredito que uma boa equipe é capaz de superar as dificuldades que um projeto impõe. Contudo, apesar da importância das equipes no sucesso de um projeto ser algo inquestionável, as discussões geralmente se concentram em torno de processos e ferramentas. A verdade é que uma boa equipe é capaz de grandes realizações apesar de um método deficiente, mas o contrário jamais será verdadeiro.

Pense em grandes projetos que você realizou em sua carreira. Não acho que você irá se lembrar do método ou da estrutura de governança, mas sim de uma equipe única, que teve que trabalhar 11 horas por dia vivendo à base de pizza, dormindo pouco, se divertindo e realizando algo excepcional. Pessoas excepcionais realizam trabalhos excepcionais. Processos excepcionais necessitam de pessoais excepcionais para conseguir bons resultados. Não existe mágica: projetos são realizados por pessoas.

Apesar disso, vejo gerentes de escritórios de projetos (PMOs) se vangloriarem de seus processos e softwares de gestão, mas não da qualidade da sua equipe na mesma intensidade. Criar um processo ou comprar uma ferramenta de gestão de processos não é uma tarefa tão complicada, mas constituir e desenvolver uma equipe profissional, competente e motivada, isso sim é bem mais desafiador.

Mas cuidado. Se processos, governança e softwares podem não ser os responsáveis pelo diferencial de um projeto, eles são a base, e muito importantes. Eles criam um ambiente favorável para que você possa explorar ao máximo o potencial de sua equipe. O cenário ideal seria uma equipe excepcional apoiada por um bom método de gestão de projetos, contando com uma boa estrutura de governança e ainda tendo todo o suporte do PMO e do portfólio de projetos. Sem dúvida suas entregas seriam excepcionais, além de estar trabalhando em um ambiente agradável e motivador.

8.2. Sem papéis e responsabilidades claras, sua equipe dificilmente alcançará seu potencial máximo

Não é porque algo é básico que não seja importante, e a clareza na definição de papéis e responsabilidades é um bom exemplo disso. Como gerente de projetos, você precisa deixar claro quais são as responsabilidades de cada membro do seu projeto. Na verdade, você precisa ir além e formalizar essas responsabilidades através de documentos escritos e precisos, deixando o mínimo de espaço para intepretação. Na sequência, você precisa compartilhar esses documentos com os membros da sua equipe para ter certeza de que as responsabilidades atribuídas foram entendidas e, principalmente, aceitas.

Os processos que me desculpem, mas uma boa equipe é fundamental 113

É verdade que a inexistência dessas responsabilidades formalizadas não significa a completa inexistência de responsabilidades, e que as pessoas não saibam o que têm que fazer. Porém, a maneira informal de gerir responsabilidades pode reduzir a performance de uma equipe ao causar confusão e mal-entendidos sobre a atuação das pessoas. Sempre que surgirem dúvidas elas não terão um documento para orientá-las e terão que recorrer ao gerente de projetos – e isso ainda no melhor dos cenários, onde a pessoa confusa procura o gerente de projetos, o que não será sempre o caso.

Outro problema decorrente da falta de um documento adequado: como as responsabilidades não foram claramente explicitadas, estas ficam abertas a interpretações, o que pode ser muito grave e perigoso.

Imagine-se em um projeto global de vários milhões de reais com duas centenas de pessoas espalhadas em vários países. Você não acha que seria útil ter uma descrição formal do que todos estão fazendo? Fazendo seu trabalho de controle de custos, suponha que você perceba que um membro de seu projeto na Índia, nas duas últimas semanas, dedicou-se integralmente a uma determinada atividade do seu projeto. Não seria importante saber quem é essa pessoa e no que ela está trabalhando? E não pense que projetos menores não estão sujeitos às mesmas exigências. Essas formalidades independem do tamanho do projeto.

Agora mudemos o prisma e analisemos a mesma situação do ponto de vista de um membro do projeto. Você não gostaria de receber no início do projeto uma descrição das suas atividades, bem como das suas responsabilidades? Melhor ainda: não seria bom poder discutir com o gerente de projetos e colocar as suas discordâncias para que você pudesse encontrar um acordo? Ou mesmo pudesse fazer mais, ter o seu talento mais bem aproveitado?

Se com esses argumentos você ainda não está convencido, então eu tenho outro no qual poucas pessoas pensam, por não ser tão frequente, mas que, quando ocorre, cria inúmeros problemas para um projeto, que é a substituição de um gerente de projetos. Pense apenas na substituição de um gerente de projetos com relação à descrição formal de papéis e reponsabilidades. Imagine-se nesse contexto, mas dessa vez não como gerente de projetos que está deixando o projeto, mas como um gerente de projetos que está chegando. Imagine-se nessa situação com uma centena de pessoas trabalhando para você sem que você sequer conheça realmente o trabalho delas. O que você faria? Provavelmente teria que contatar todas (ou pelo menos uma grande parte delas) para entender suas atividades. Então por que não fazer isso desde o início?

Acho que eu consegui mostrar o meu ponto, mas seja prático. Use o bom-senso e crie essa formalização, mas da maneira mais simples possível. Você não precisa descrever todas as atividades das pessoas da sua equipe ou criar documentos enormes e complexos. Você pode simplesmente criar uma tabela que inclua minimamente o tempo de dedicação de cada

114 Manual de Sobrevivência para Gerentes de Projetos

membro da sua equipe e suas atividades. Uma matriz RACI é outro exemplo de instrumento extremamente simples e útil na definição de responsabilidades que eu uso em todos os meus projetos. Se você quiser ir além e criar algo mais sofisticado, fique à vontade, mas sem esquecer da objetividade.

8.3. A difícil tarefa de formar sua equipe

A formalização de papéis e responsabilidades não é o pior problema relativo à gestão dos recursos humanos do projeto. Se você está com dificuldades para formalizar as responsabilidades de sua equipe, então agradeça, pois isso quer dizer que você conseguiu uma equipe. Você entende os benefícios de ir a um dentista, principalmente quando está com dor, mas isso não o deixa radiante no dia da consulta. Do mesmo modo, mesmo quando a organização entende os benefícios de determinado projeto, os gerentes de área não ficam contentes em ter que ceder seus recursos (eventualmente seus melhores) aos projetos.

Projetos costumam drenar as organizações. Eles consomem dinheiro, tempo e pessoas. Enquanto dinheiro é uma simples questão de orçamento e priorização, conseguir tempo e pessoas vai um pouco além da questão financeira. Com exceção das empresas projetizadas, onde as equipes de projeto são dedicadas, com funcionários acessíveis para atuar em projetos, as organizações têm cada vez menos tempo e pessoas disponíveis. Mesmo nas empresas que possuem um bom nível de maturidade em projetos, a questão da alocação das pessoas é uma atividade sempre muito complexa, onde muitas vezes o gerente de projetos se vê sem a quantidade e/ou a qualidade dos recursos de que precisa.

A situação é, na verdade, simples de entender. Os membros do projeto são pessoas oriundas de outras áreas da empresa, que normalmente já possuem suas atividades rotineiras. Por que então alguém estaria disposto a alocar tempo para participar de um projeto se suas atividades de área continuam? Essa é a raiz do problema. As pessoas são eventualmente forçadas a participar de um projeto, o que até pode resolver o problema da disponibilidade de recursos, mas não da qualidade, visto que elas chegam ao projeto com um nível de motivação baixo, para não dizer inexistente.

Para resolver esse problema, o ideal seria conseguir um equilíbrio. Por mais que o percentual no qual uma pessoa é alocada a um projeto seja subjetivo, o importante é que você consiga achar um equilíbrio entre as atividades de área e do projeto, para que a pessoa em questão se sinta confortável. Se não conseguir, você terá um recurso desmotivado e improdutivo que tentará deixar o projeto na primeira oportunidade e que provavelmente nunca mais vai querer participar de um projeto seu. Na prática, ou a pessoa continua com suas tarefas da área

Os processos que me desculpem, mas uma boa equipe é fundamental 115

e acumula as do projeto ou ela é liberada com o custo de suas atividades serem distribuídas "provisoriamente" a outras pessoas.

Uma saída para o problema (quando existe uma) é conseguir um recurso temporário que se ocupe das atividades da área, liberando assim um recurso em tempo integral para o projeto. Assim, nem a área nem a pessoa são sobrecarregadas, e o novo membro da sua equipe chega ao projeto com um bom nível de motivação. Infelizmente, nem sempre isso é possível – e, para dizer a verdade, nem sempre desejável.

Certa vez pude contar com um recurso-chave dedicado 100% ao projeto. Do ponto de vista do projeto, tudo correu bem, mas eu tinha alertado essa pessoa dos riscos que ela corria no momento do seu retorno à área original no fim do projeto, o que acabou acontecendo. As pessoas que se desligam provisoriamente de suas áreas para atuar em projetos muitas vezes têm problemas para retornar à sua área de origem, que pode ter sofrido mudanças ou já ter outra pessoa alocada. Esse retorno de recursos dedicados é sempre uma situação delicada, e já vi inúmeros casos acabarem mal. Tente o máximo possível trabalhar com parte do tempo das pessoas das áreas para não colocá-las em risco no momento do seu retorno. Se não for possível, deixe claro com a área que você precisa de garantias no momento do retorno dessa pessoa – e mesmo assim alerte a pessoa em questão dos riscos que sempre vão existir. Jogue limpo e abertamente que você não terá problemas. É verdade também que, em função da experiência adquirida no projeto, um recurso eventualmente pode acabar sendo disputado por outras áreas e até mesmo promovido quando do seu retorno.

Você pode estar se perguntando: por que você deveria contratar alguém temporário para poder liberar alguém para o projeto, se você poderia contratar diretamente alguém temporário para o projeto? Na verdade, é claro que o melhor seria alocar alguém temporário diretamente ao projeto, mas pessoas externas dificilmente detêm o conhecimento necessário para atuar em um projeto complexo, dada a exigência de grande conhecimento técnico e experiência organizacional. Por outro lado, essas pessoas temporárias conseguem atuar em processos de negócios rotineiros das áreas com maior facilidade, principalmente porque são repetitivos e porque elas normalmente já os dominam em algum nível. Se, por outro lado, for um papel de assistência ao projeto o que você procura, nesse caso alguém temporário poderia funcionar quando subordinado a um recurso experiente, ou às vezes mesmo ligado diretamente ao gerente do projeto.

Vejo constantemente discussões de orçamento, que, honestamente, é um problema para a camada responsável por conseguir o financiamento para o projeto, e não para o projeto em si. Essa camada (ou portfólio de projetos, nas empresas mais maduras) sempre está envolvida em questões de priorização e orçamentos, tendo que vencer as restrições orçamentárias para viabilizar projetos que entregarão resultados para a organização. São negociações duras, mas que antecedem o início do projeto. Os projetos, via de regra, têm uma discussão igualmente

116 Manual de Sobrevivência para Gerentes de Projetos

pesada para aprovar suas estimativas, mas, uma vez vencida essa etapa, o projeto entra em modo de execução, com seu orçamento devidamente reservado, cabendo ao gerente de projetos fazer seu trabalho para entregar o que deveria sem ultrapassar suas estimativas.

Bons projetos sempre terão financiamento, e, no extremo, se não tiverem, não existe projeto. Mas e se no meio do projeto existir um corte de orçamento? Então pode-se, por exemplo, reduzir o escopo, aumentar os prazos, elevar os riscos ou encerrar o projeto e a questão está resolvida. Eu não tenho dificuldades com orçamentos e lido muito bem com isso ainda nas etapas iniciais do projeto.

Agora passemos ao ponto onde quero chegar. Se durante todo o ciclo de vida de um projeto a questão orçamentária estará presente a todo momento, a disponibilidade de pessoas não terá a mesma visibilidade. Qual argumento você acha que é mais convincente para não se executar um projeto: falta de dinheiro ou de pessoas? Quando não se tem orçamento adequado ninguém questiona que o projeto não pode iniciar ou avançar. Porém, quando se diz que não há pessoas disponíveis, todos acham que é alguma desculpa ou algo sem importância, e isso está errado. A falta de pessoas deveria ser um fator tão forte quanto a falta de dinheiro para não se executar ou paralisar um projeto. Particularmente, eu tenho mais dificuldade em conseguir pessoas do que financiamento.

Para lidar com isso, o que aconselho é colocar a necessidade de pessoas no mesmo nível do orçamento. Quando eu mantenho uma posição firme dizendo que sem os recursos necessários o projeto não pode começar, ou precisa ser colocado em pausa, o problema é tratado com mais seriedade e normalmente uma solução é encontrada.

Não hesite em escalar problemas de falta de recursos quando for o caso. Na prática, se tanto a falta de orçamento quanto a de pessoas são problemas graves, resolver o problema da falta de pessoas normalmente leva mais tempo que o problema orçamentário, além de ocorrer de maneira mais frequente. Em casos mais graves, o projeto pode ter que ser colocado em pausa por meses aguardando a disponibilidade de recursos-chave. Em outros, pode exigir muito apoio para se conseguir liberar as pessoas necessárias. Enfim, não subestime esse problema. A indisponibilidade de pessoas pode ser algo muito grave em um projeto.

8.4. Antes só do que mal acompanhado

Agora vamos pensar que você garantiu a disponibilidade das pessoas. Podemos dizer que você venceu a questão quantitativa, mas não a qualitativa. A pergunta é se vale a pena colocar no mesmo pacote as questões da quantidade e da qualidade, a fim de garantir ambas. Minha resposta é que, para a maioria dos casos, sim. Dependendo da qualidade da pessoa alocada, ela mais atrapalha do que ajuda, então é preciso não apenas formar uma equipe, mas formar

Os processos que me desculpem, mas uma boa equipe é fundamental 117

uma equipe de qualidade. Todo mundo sempre quer trabalhar com os recursos experientes por razões óbvias, mas no caso de projetos essa não é uma questão de querer, mas de precisar. Projetos exigem normalmente muito conhecimento e experiência, uma vez que precisam sempre entregar algo difícil em pouco tempo e com poucos recursos. Cabe assim a você lutar para conseguir as pessoas mais competentes, o que nem sempre será uma tarefa fácil.

De modo geral, gerentes de área vão tentar alocar os piores recursos para o projeto, enquanto gerentes de projetos desejam os melhores, e é aí que a brincadeira fica divertida. Na cabeça dos gerentes de área isso é um excelente negócio, já que eles cumprem com sua obrigação de prover recursos ao projeto e ao mesmo tempo se livram de recursos ruins, que mais atrapalham do que ajudam. Mas como você vai saber disso antes de trabalhar com a pessoa? Simplesmente não saberá!

Já vivi algumas situações onde recursos foram alocados ao meu projeto, mas que na prática mais causaram problemas do que ajudaram. Em um desses casos, um recurso foi alocado em tempo integral e, o pior, chegou sendo anunciado como um grande esforço da área para ajudar o projeto. Como sou um pouco desconfiado por natureza, achei a situação estranhamente fácil demais. Duas semanas mais tarde tive a confirmação da minha suspeita. A pessoa alocada era realmente muito ineficiente, tanto no sentido técnico quanto comportamental, mas como voltar para a área provedora do recurso e dizer que não estava contente? Pessoas não são produtos, e você não pode simplesmente dizer: "escuta, eu comprei essa pessoa semana passada, mas realmente não estou satisfeito e gostaria de trocá-la ou ter o meu dinheiro de volta!" Levei dois duros meses até conseguir substituir o recurso. Este é um exemplo que serve de alerta para você nunca subestimar a questão da qualidade.

Uma prática que pode ser de muita ajuda para evitar tais situações é entrevistar os candidatos para selecionar os melhores. Forme uma pequena banca de cerca de três pessoas experientes e tente explorar ao máximo o histórico e as motivações da pessoa. Normalmente, quando bem conduzidas, as entrevistas podem ser de grande ajuda na seleção da equipe do projeto.

Em outras situações, o problema não será a falta de disposição das áreas em fornecer bons recursos, mas realmente a indisponibilidade deles em face das exigências de prazo do projeto. Em vez de sair desesperado pegando a primeira pessoa disponível, tente pensar em como você pode atrasar ou adiantar alguma etapa do projeto para coincidir com a disponibilidade dos melhores recursos. Eventualmente, algumas pessoas-chave estarão terminando outros projetos ou atividades e, dependendo da sua margem de manobra, você conseguirá ajustar seu escopo para poder tê-las no seu projeto. Algumas horas por semana poderão ser concentradas em uma semana intensiva para sincronizar com a disponibilidade do recurso, ou às vezes é o inverso que vai resolver seu problema. Eu já fiz isso com bons resultados em várias ocasiões, mas admito que não é tão simples nem sempre possível. Conforme o nível de dependência das

118 Manual de Sobrevivência para Gerentes de Projetos

tarefas, entre outros fatores, o espaço para alterar o escopo ou o calendário de implementação fica bastante reduzido. Porém, quando viável, pode ser uma alternativa bem interessante.

Também é comum surgir a opção do treinamento. Fornecer treinamento para a pessoa com baixa eficiência, apesar de poder ser uma solução, normalmente não será a mais eficaz. Eu mesmo sou um pouco descrente quanto a essa solução e explico: treinamentos podem ser ferramentas interessantes de desenvolvimento de competências exigidas nas áreas de negócios, mas quando se trata de gestão de projetos não é algo tão simples. Dificilmente você conseguirá, através de um treinamento, resolver a falta de competência de alguém no curto prazo. Talvez uma exceção exista caso essa deficiência seja pontual em função de uma tecnologia, competência específica ou coisa do gênero. Nesses casos, o treinamento pode ser de certa ajuda – mas, salvo isso, eu não recomendaria. Além do mais, nem sempre temos o dinheiro e o tempo necessários para promover treinamentos, então não aposte muito nessa alternativa. Outra opção é prover *feedback* constante, o que considero muito mais promissor, e por isso gostaria de falar mais detalhadamente a respeito na sequência.

8.5. A importância do *feedback*

Um grande desafio dos projetos, e o que os diferem das atividades das áreas, é que projetos têm tempo para acabar. Isso quer dizer que, além de ter que conseguir as pessoas necessárias, com a qualidade necessária e em um curto espaço de tempo, você precisa fazer com que sua equipe atinja o máximo de sua produtividade o mais rapidamente possível. Porém, como qualquer pessoa em uma nova função, existe sempre um período de aprendizado e ambientação. Apenas com o tempo as pessoas conseguem aumentar seu desempenho, tempo que os projetos normalmente não dispõem. Em outras palavras, conseguir os melhores recursos para o projeto não é uma garantia automática de desempenho. Se você me permitir fazer uma analogia futebolística, é mais ou menos contratar um monte de craques, colocá-los em uma partida sem treinar e esperar que eles joguem como uma grande equipe.

Para acelerar esse processo, o uso de *feedback* será uma das ferramentas mais poderosas que os gerentes de projetos terão ao seu dispor. Através dela é possível evitar comportamentos indesejados e estimular os bons, conseguindo assim uma melhoria da eficiência na gestão da equipe do projeto. Mas espera aí: gestão de pessoas em projetos? Não existe gestão de pessoas em projetos! Conseguimos as pessoas, elas trabalham, o projeto termina e pronto, problema acabado – afinal, não vamos precisar gerir essas pessoas depois do projeto.

Honestamente, quantas vezes você viu uma gestão realmente profissional de pessoas em projetos? Em projetos medianos ou pequenos isso é raríssimo, e mesmo nos grandes não é muito comum. As causas são as mais diversas, como, por exemplo, os fatores culturais do país

Os processos que me desculpem, mas uma boa equipe é fundamental 119

e da empresa onde o projeto ocorre, mas, por mais que eu queira, não vou poder fazer essa discussão sobre as causas. Independentemente do nível de maturidade da gestão de pessoas nos projetos, você não pode ficar passivo diante de comportamentos ou desempenhos que não estão de acordo com as suas expectativas – e sabe por quê? Porque o projeto não tem tempo a perder com baixa performance e o gerente de projetos deve agir rapidamente. Você precisa lidar com isso de maneira clara e objetiva, e o mais rápido possível, e é aí que entra o *feedback*.

De maneira simples, *feedback* é uma ferramenta que os gerentes de projetos usam para alterar comportamentos dos membros da equipe do projeto, resultando em aumento do desempenho. Pode parecer simples, mas o assunto é extremamente rico em detalhes e amplamente abordado na literatura, portanto vou tentar ser objetivo e tratar os pontos principais dentro do contexto de projetos.

Você pode utilizar o método DISC de *feedback,* que basicamente envolve quatro passos:

- **Descrição** – Descreva a situação que precisa ser abordada em termos de comportamento, de maneira clara e objetiva. Evite ambiguidades e tente dizer coisas como: "Carlos, nas últimas quatro semanas você atrasou suas entregas de maneira recorrente...". Atenha-se aos fatos e jamais às pessoas. Nunca diga coisas como "você é relaxado e irresponsável, pois nunca entrega nada no prazo".
- **Impacto** – Como na descrição, o impacto precisa ser objetivo e ligado à ação. Seguindo o exemplo: "Carlos, nas últimas quatro semanas você atrasou suas entregas de maneira recorrente, o que ocasionou um atraso de seis dias no projeto".
- **Solução** – Discuta com a pessoa em questão uma solução para o problema. Acima de tudo, tenha uma postura aberta com o objetivo de prover ajuda, e não de cobrar. Quando a pessoa percebe que você quer ajudá-la a resolver o problema e não achar culpados, ela se torna muito mais receptiva à mudança.
- **Consequência** – Crie um cenário esperado com a mudança acordada mostrando todos os seus benefícios, mas não deixe de mostrar as consequências negativas se não houver mudança.

Faça com que os *feedbacks* ocorram de maneira recorrente e que sejam o menos formal possível. Aqueles *feedbacks* clássicos que ocorrem duas vezes por ano não ajudam em muita coisa. Além disso, não imponha as mudanças. Deixe as pessoas livres para propor soluções. Perguntas-chave nesse processo são: "qual sua avaliação da situação?" e principalmente: "o que você acha que poderia fazer de diferente para melhorar a situação?". Discuta as propostas sempre de maneira aberta e com um espírito colaborativo, e retome o assunto em um próximo *feedback*. De nada adianta após uma sessão você esquecer o assunto. Não deixe de prover suporte constante à sua equipe e verificar se o que foi acordado foi cumprido.

120 Manual de Sobrevivência para Gerentes de Projetos

É importante também considerar as situações positivas: se alguém da sua equipe apresenta comportamentos e ações que contribuem para aumentar seu desempenho e o do projeto, você precisa promover *feedbacks* para garantir que tais ações continuem, ou mesmo que sejam intensificadas para melhorar ainda mais os resultados positivos. O mais normal é focarmos no negativo, mas oportunidades para o positivo podem surgir, e o *feedback* é um bom instrumento para conseguir aproveitá-las.

Contudo, se você não estiver atento aos vários aspectos desse processo, ele pode se tornar ineficiente e até mesmo piorar a situação. Sendo assim, siga as etapas que mostrei sempre com foco na ação, jamais na pessoa. Mostre sinceramente que você quer ajudar e não punir ninguém. Encoraje as pessoas a buscar *feedback* mesmo quando não receberem. Se feito de maneira aberta, honesta e com o objetivo de ajudar, esta realmente pode ser uma ferramenta de extrema ajuda na obtenção de melhor desempenho.

Outro fator que pode influenciar o processo de *feedback* é o cultural. Culturas como a brasileira e francesa são bons exemplos desse impacto. Europeus, de maneira geral, têm mais facilidade tanto em dar quanto em receber *feedback*. Brasileiros, por sua vez, tendem a se ofender mais facilmente quando recebem *feedback* (muitas vezes, visto como críticas pessoais). Alguns especialistas de adaptação de expatriados chamam isso de "ouvidos de cristal". Culturas como a brasileira podem dificultar o processo de *feedback,* mas raramente inviabilizar. Promova modificações no processo de acordo com a cultura e o contexto, mas não deixe de dar *feedback.* Caso contrário, não conseguirá fazer os ajustes necessários em sua equipe.

É claro que, independentemente da sua vontade, há casos em que uma ação extrema é necessária. Você conhece o ditado que diz que "uma maçã podre estraga a caixa"? Você pode não querer, por motivos pessoais, abordar a questão de um recurso que está com dificuldades em desempenhar bem suas atividades, mas esteja preparado para enfrentar as consequências decorrentes dessa escolha. A situação pode facilmente causar um impacto negativo em outros integrantes da sua equipe.

Muitas pessoas comparam constantemente seu trabalho com o de seus pares e quando percebem que estão fazendo mais que os outros tendem a se queixar ou a diminuir seu desempenho. Se você perceber que um baixo desempenho está afetando o resto do grupo, tome uma atitude, seja dando um *feedback* para que a pessoa possa reverter a situação rapidamente, seja retirando-a do projeto. O que não é aceitável é o baixo desempenho de um recurso acabar prejudicando o resto do grupo. Às vezes o problema não será do desempenho em si, mas do comportamento, o que não altera em nada a questão.

Para fugir do processo de *feedback,* alguns gerentes de projetos tentarão compensar a baixa produtividade da equipe com a adição de mais recursos para neutralizar a ineficiência da pessoa com baixo desempenho. Minha resposta altamente técnica para essa questão é:

Os processos que me desculpem, mas uma boa equipe é fundamental 121

cuidado com a síndrome das grávidas! Uma mulher consegue gerar um bebê em nove meses, mas nove mulheres não conseguem gerar um bebê em um mês. A adição de recursos pode eventualmente ajudar, principalmente se você está subdimensionado em recursos, mas isso não é sempre verdade. Mesmo se a lógica sugerir que acrescentar recursos pode acelerar as coisas, em determinados contextos a adição de recursos pode não ter efeito ou até mesmo reduzir a performance do projeto.

Conversei recentemente com um colega gerente de projetos experiente que trabalha para um grande grupo europeu. Ele me explicou que sempre que escalava alguns problemas do projeto a resposta dos executivos era acrescentar mais pessoas, uma vez que dinheiro não é realmente um problema para o grupo. Ele desabafava comigo que o incremento de pessoas só piorava as coisas. Ele estava à procura de soluções, não mais pessoas.

Aumentar o número de pessoas no projeto, além do incremento imediato dos custos, aumenta também a complexidade do seu trabalho, já que agora tem mais pessoas para liderar. Se você tomou essa atitude porque se encontrava subdimensionado em recursos, tudo bem, mas se a tomou para evitar enfrentar o baixo desempenho de alguns membros da sua equipe, então você poderá ficar em breve com um problema que persiste, mas que agora é mais complexo, além de custar mais caro. Se tiver sorte, o incremento de recursos irá compensar a baixa produtividade de algumas pessoas, mas o aumento dos custos será evidente. De maneira bem objetiva, apesar de poder ser uma alternativa, não é recomendado compensar problemas de qualidade da sua equipe com o aumento da quantidade. De qualquer forma, essa é uma decisão que apenas você poderá tomar após considerar cuidadosamente cada contexto.

8.6. Justiça e respeito

Eu gosto muito de metodologias, práticas, processos, mas gosto ainda mais de princípios. Princípios são mais sólidos. Métodos mudam, processos evoluem, mas princípios são sempre os mesmos, estáveis, confiáveis. Em minha vida, quando tenho dúvida sobre se algum comportamento meu é correto ou não, eu volto aos meus princípios. Eles me ajudam a elucidar a questão rapidamente. Assim como na minha vida pessoal, eu utilizo meus princípios para tomar decisões e definir a forma de gerir minhas equipes.

Há anos que utilizo com bastante sucesso dois princípios na gestão das minhas equipes que norteiam todas as minhas ações e nos quais eu acredito: justiça e respeito.

Acredito que um dos piores sentimentos que uma pessoa possa experimentar é o da injustiça. Outro extremamente forte é o desrespeito. Além de eu acreditar nesses princípios e aplicá-los independentemente de qualquer coisa, a verdade é que eles também trazem resul-

122 Manual de Sobrevivência para Gerentes de Projetos

tados. Justiça e respeito trazem consigo harmonia e engajamento. Eu poderia dizer que é um excelente efeito colateral.

No dia a dia, quando tenho dúvidas diante de qualquer decisão sobre o modo de gerir minha equipe, basta que eu me volte a esses dois princípios perguntando se determinada decisão é injusta ou desrespeitosa. Se a resposta for positiva para qualquer uma delas, então eu não faço.

Vou abordar alguns exemplos práticos que podem ilustrar o que acabei de explicar. Tente aplicar o teste das duas perguntas para as seguintes situações:

1. Sua equipe teve suas férias canceladas em cima da hora em função de um problema no projeto e agora você precisa que eles trabalhem durante um feriado prolongado apesar do evidente cansaço.

2. Você verifica o horário de chegada e saída de todos os membros do seu projeto.

3. Seus membros do projeto tiveram que trabalhar por quatro fins de semana seguidos sem nenhum tipo de compensação.

4. Você controla no detalhe o comportamento da sua equipe e centraliza todas as decisões.

5. Você nega a saída de um recurso do seu projeto que encontrou uma oportunidade de carreira dentro da empresa por ser um recurso crítico para você.

6. No momento da apresentação dos bons resultados obtidos, você nunca menciona os nomes das pessoas que contribuíram para o sucesso.

7. Você toma decisões autocráticas sobre os diversos aspectos do funcionamento do projeto sem consultar sua equipe.

Eu poderia continuar com inúmeros outros exemplos, mas acho que esses já são suficientes para mostrar o meu ponto. Nenhuma ação citada é aceitável por ferir pelo menos um dos princípios que mencionei.

A situação 1 é injusta e desrespeitosa, pois gozar férias é um direito de todos. Seu cancelamento em cima da hora é um grande agravante. Para concluir a falta completa de desrespeito, as mesmas pessoas não poderão também descansar em um feriado, logo após terem se esforçando tanto pelo projeto. A situação 2 é bastante desrespeitosa, uma vez que demonstra claramente a falta de confiança no profissionalismo da equipe. A situação 3 é simplesmente injusta e desrespeitosa. Se você exige esforços extras da sua equipe, então deveria igualmente prover algum tipo de compensação. A situação 4 é desrespeitosa porque evidencia a falta de confiança na competência da sua equipe. A situação 5 é abominável, injusta, desrespeitosa e mesquinha. Ninguém tem o direito de cercear oportunidades de carreira de ninguém. A situação 6 é injusta, desrespeitosa e vergonhosa. Não dividir o crédito com quem fez o trabalho

Os processos que me desculpem, mas uma boa equipe é fundamental 123

é lamentável. A situação 7 é desrespeitosa por não cogitar a competência e a capacidade das pessoas de tomarem decisões.

Pautando minhas decisões com base em princípios, em vez de tratar dezenas de situações, consigo rapidamente tomar o que considero boas decisões sobre a gestão da minha equipe. Mas você pode estar se perguntando: "tudo bem, muito lindo, muito legal esse negócio de justiça e respeito, mas na prática às vezes não temos escolha e somos forçados a tomar atitudes que vão contra nossos princípios" – e sobre isso eu também sou muito claro. Se for uma situação sobre a qual você não tenha escolha, então converse com sua equipe, deixe claro sua discordância com a situação e mostre que você tentou evitá-la, mas que não lhe restou escolha. Se você for honesto e transparente, as pessoas estarão dispostas a fazer concessões e irão apoiá-lo.

Se situações parecidas persistirem ao longo do projeto, você precisa achar a melhor solução política para evitá-las. Quando não for possível, pelo menos tente buscar uma compensação para as pessoas envolvidas, o que pode amenizar, mas não resolve o problema. Agora, se situações como essas são impostas constantemente, causando-lhe extremo desconforto, meu conselho é: mude de emprego. Desculpe a franqueza, mas eu particularmente não posso trabalhar em uma empresa que é desrespeitosa e injusta com seus funcionários.

Essas situações serão mais ou menos graves de acordo com a governança do projeto. Gerentes de projetos não são super-heróis e em geral não possuem o poder de decidir. Sendo assim, sofrerão tanto quanto os membros da sua equipe. Eu tento sempre influenciar o máximo possível, e em casos que considero extremos, me recuso a fazer.

Se, por um lado, a maioria das estruturas de governança de gestão de projetos não atribui tanto poder ao gerente de projetos, por outro é verdade que gerentes de projetos normalmente desfrutam de certa autonomia para gerir suas equipes – e nesses casos não adianta culpar o mundo. Você desempenhará o papel de líder que achar melhor e tratará sua equipe de acordo com o que acredita.

8.7. Pessoas são a chave para a qualidade

Um aspecto importante na gestão de equipes de projetos é a gestão da qualidade. Talvez pareça um pouco confuso estar falando de gestão de equipes e de repente falar de qualidade, mas a minha visão de qualidade em projetos se apoia em grande parte na escola japonesa de qualidade, onde as pessoas são as peças fundamentais do processo de garantia da qualidade.

Uma divisão muito clara no aspecto da gestão da qualidade é a diferença entre criar algo de qualidade e verificar se algo tem qualidade. Para o processo de verificação da qualidade

124 Manual de Sobrevivência para Gerentes de Projetos

temos inúmeros tipos de controles que podemos utilizar, mas quando temos uma entrega de baixa qualidade os controles de qualidade podem nos impedir de entregar algo defeituoso, mas não vão garantir que estamos produzindo algo com qualidade. Deixe-me dar um exemplo a respeito.

Imagine que, no desenvolvimento de um produto qualquer, ao final da linha de produção nós implementamos testes rigorosos que detectam imediatamente qualquer problema de qualidade, com o produto defeituoso sendo separado dos demais. Isso garante a qualidade? Bem, isso garante que não enviaremos ao mercado determinada quantidade de produtos defeituosos, mas isso não tem muita relação com produzir com um nível superior de qualidade. Quando detectamos defeitos ao final de um processo produtivo, estamos na verdade cumprindo o mínimo que se exige de um produto, que é não ter defeitos.

O exemplo demonstra perfeitamente o forte embate que ocorreu no século passado entre americanos e japoneses na produção de automóveis. Enquanto americanos focavam mais nos controles de qualidade, os japoneses se concentravam em desenvolver produtos sem defeitos. Sendo assim, não precisavam colocar esforços nos controles de qualidade, o que ficou conhecido como produção de defeito zero. Nesse processo de garantir a qualidade, os funcionários japoneses eram a peça fundamental, tendo um alto grau de responsabilidade e independência para garantir a qualidade dos produtos.

Os processos de qualidade são importantes, mas ainda mais importantes são as pessoas. No final do dia, pessoas sempre terão margem para definir se, e como, irão aplicar um processo ou outro, e então a melhor garantia que podemos ter é uma equipe engajada com a questão da qualidade. Claro que os processos são fundamentais e eles estarão lá, mas são as pessoas que farão a diferença – e sabe qual é a prova disso? Eu trabalho em projetos globais há muitos anos, e a diferença na qualidade de projetos com o mesmo escopo, mesmos processos, porém com equipes diferentes é enorme. Agora repare: mesma empresa, mesmos processos, mesmo orçamento, mesmo prazo, mesmo tudo com exceção das pessoas. Isso é uma constatação quase matemática do que acabo de dizer.

Pense em organizações que são reconhecidas como referências em termos de qualidade nos segmentos onde atuam. Eu pensei em nomes como Harvard, Apple, NASA. Você acredita que tais organizações têm esse reconhecimento por causa dos seus processos? São as pessoas que fazem a diferença nessas organizações. Pense no caso hipotético de todos os funcionários de Harvard decidirem ao mesmo tempo se demitir e fundar uma nova universidade. Quanto tempo você acha que essa nova universidade levaria para ser reconhecida como a nova Harvard? Com isso em mente, acho que ficou clara a importância de engajar sua equipe na busca da qualidade. Respeitando os processos, é claro, mas indo além e criando um verdadeiro espírito de equipe em torno da qualidade. Processos podem ser frágeis ou insuficientes, e é aí que as pessoas fazem a diferença.

Os processos que me desculpem, mas uma boa equipe é fundamental 125

Pense em uma situação trivial de qualidade. Um membro da sua equipe não executou certa etapa dos testes por não achar necessária e uma entrega foi concluída com defeito. Seria isso um problema de qualidade? Sim. Seria um problema do processo (processo interno do projeto)? Não. A solução está em discutir a situação com a pessoa que não realizou o teste, e não melhorar o processo.

Veja outro caso, dessa vez real. Em um programa global de que participei, foram feitas alterações em uma aplicação para atender aos requisitos de uma fábrica no Japão. Quando a nova versão entrou em operação, a fábrica francesa parou. Como se evitam situações como essas? Testes. Então com certeza foi um problema dos processos do projeto global, certo? Errado! Os procedimentos existiam, mas não foram executados. De novo, seria o caso de melhorar os processos? Não. Seria o caso de fazer com que as pessoas tenham consciência da importância dos testes e sigam os procedimentos.

Se você quiser garantir a qualidade do seu projeto, além de bons processos de qualidade, você precisará de uma equipe competente e engajada, e você será fundamental nesse processo. Sua equipe é tudo que você tem. Trate bem dela, esteja sempre disponível para ajudar a todos e crie um verdadeiro espírito de equipe promovendo atividades fora do projeto para que vocês se conheçam melhor desde o início. Crie um verdadeiro espírito de qualidade e faça com que cada um se sinta responsável e comprometido com ela.

Para se aprofundar sobre o tema, recomendo revisitar a história da qualidade, em especial a escola japonesa. Um dos grandes segredos das empresas japonesas, em sua consolidação na liderança mundial de qualidade, foi fazer da qualidade uma obsessão e, acima de tudo, uma responsabilidade de todos. Jamais na visão japonesa a qualidade foi uma responsabilidade de um grupo específico de pessoas que deveriam garantir a qualidade, como ocorria no Ocidente. A qualidade fluía em todos os níveis organizacionais, passando por todos e criando um comprometimento mútuo.

Esse mesmo espírito deveria ser transportado aos projetos: a qualidade deveria ser um compromisso de todos, e não de um grupo restrito de pessoas. Se você conseguiu incutir em sua equipe a importância da qualidade e fazer com que todos compreendam que são responsáveis pela qualidade, então você estará no caminho certo. Cuidado com a visão de que a qualidade se resume a alguns processos ou a um grupo restrito de pessoas que deveria verificar seu cumprimento. Frases como "isso não é problema meu, mas do pessoal da qualidade" nunca deveriam existir. Essa visão é incompleta e insuficiente, e em nada contribui com a qualidade final do projeto.

9

Como trabalhar com times globais de diferentes culturas?

9.1. Não subestime o desafio cultural

Gerentes de projetos gerenciam, organizam, facilitam, decidem (em algum nível), mas não realizam as tarefas do projeto. Quem realiza o trabalho é a equipe do projeto. Se o gerente de projetos não conseguir encontrar uma abordagem adequada que permita que os membros do projeto trabalhem de maneira produtiva, o projeto vai sofrer. Conseguir isso com um projeto local, utilizando uma equipe de mesma cultura e idioma, é uma coisa. Conseguir isso com membros do projeto de diversos países, idiomas e culturas diferentes, é outra bem diferente.

É verdade que existe o lado otimista do discurso da diversidade, onde se diz que a diversidade pode contribuir bastante para os resultados do projeto, que a criatividade e a inovação são mais facilmente encontradas em equipes multiculturais ou que a capacidade de adaptação é uma marca dessas equipes. O problema é que o outro lado dessa moeda não é tão bonito e promissor, e gerir equipes globais pode se revelar uma tarefa extremamente complicada.

O primeiro problema é você ignorar o fator cultural e achar que essa diferença não necessita de nenhuma atenção especial. A não ser que você seja uma pessoa de muita sorte, seu projeto terá problemas e eventualmente irá até mesmo fracassar. Cabe aqui a frase: "a cultura come a estratégia no café da manhã". A cultura determina as regras, os comportamentos e as atitudes. Se você não entender minimamente a cultura das pessoas que estão envolvidas no seu projeto, você terá problemas e vai sofrer muito mais do que o necessário. Deixe-me ilustrar.

Como trabalhar com times globais de diferentes culturas? 127

Se você perguntar a alguém se determinada ação do projeto pode ser feita em certo período, e essa pessoa responder "sim", então quer dizer que ela concordou, certo? Talvez. Pelo menos se você estiver falando com um amigo indiano. Explicando: quando americanos ou europeus dizem "sim", quer dizer que eles concordaram com uma pergunta, que a aceitaram, que a aprovaram. Quando indianos dizem "sim", seria mais ou menos o equivalente do "entendo" dos brasileiros. Em outras palavras, o "sim" deles quer dizer algo do tipo "eu estou escutando", "eu estou dando fluência à conversa", mas não quer dizer que ele esteja concordando.

Por isso, ocidentais não podem tomar o "sim" indiano como conclusivo e devem aguardar o que a pessoa dirá na sequência. Outras expressões usadas pelos nossos colegas indianos são: "claro; ok; eu entendo; sem problemas". Quando usadas como resposta inicial a algo que um ocidental diz, cada uma dessas palavras deveria ser vista como pura educação e nada mais. Agora imagine gerir equipes de projetos distribuídas entre a Europa e a Índia, onde os membros da parte europeia do projeto sequer entendem quando seus colegas indianos concordaram com algo ou não?

Um gerente de projetos americano certa vez fez uma reunião para confirmar se a equipe estava pronta para implementar determinada etapa do projeto. Na última semana que antecedia a atividade, ele descobriu que nada estava pronto. Furioso, ele considerou os indianos incompetentes, irresponsáveis e desonestos. Porém, quando se faz uma leitura do que foi dito pela ótica indiana, descobriu-se que os indianos nunca haviam concordado com a proposta. Quando diziam "sim", eles apenas estavam dizendo "eu entendo o que você quer", mas isso não quer dizer que eles concordavam. Nosso amigo gerente de projetos americano descobriu isso da pior forma possível. Existem milhares de outros exemplos de desentendimentos decorrentes da diferença cultural, mas vou parar por aqui, pois acho que você entendeu a mensagem.

Toda ação é codificada com base em uma cultura. Sendo assim, sem o código correto não conseguimos compreender com profundidade o significado das coisas. Esse fator afeta todas as áreas do projeto a todo momento, e é responsabilidade do gerente de projetos lidar com essa dinâmica. Se o gerente de projetos não tiver a competência necessária para fazer essa decodificação cultural, e assim compreender as diversas culturas envolvidas em seu projeto, a tendência é que o projeto invariavelmente sofra.

Analisemos algo básico de um projeto, que é a execução das tarefas pela equipe. Como assegurar que as tarefas serão entregues no prazo ao trabalhar com culturas diferentes? Será que um latino e um nórdico dão a mesma importância aos prazos para execução das tarefas? Ou, quando deparados com o fato de que não conseguirão cumprir determinada tarefa no prazo, será que ambos irão alertar o gerente de projetos? E se o fizerem, será que o farão com a mesma antecedência? Sobre o acompanhamento das mesmas tarefas, será que pessoas de culturas diferentes gostam de ser acompanhadas da mesma forma, e na mesma frequência? É notório que não – e se o gerente de projetos não levar em conta essas diferenças, ele terá problemas.

128 Manual de Sobrevivência para Gerentes de Projetos

Pense nas questões comerciais envolvendo contratos. Enquanto algumas culturas serão muito mais analíticas e factuais, outras serão mais relacionais e menos detalhistas. Isso resulta em contratos completamente diferentes, dependendo da cultura em questão, mesmo que o objeto do contrato seja o mesmo. Até a disposição para executar cláusulas contratuais terá níveis diferentes conforme a cultura.

Pense em outra situação cotidiana de projetos. O que fazer se em uma reunião as pessoas falam alto e cortam a vez dos outros? Depende. Se estivesse em uma reunião apenas com italianos não haveria problema, pois é assim que funciona. Eles se entendem bem dessa forma. Mas e se estivesse em uma reunião com italianos, franceses, canadenses e suecos? Nesse caso, deveria fazer algo como estabelecer regras e fazer de modo que todos estejam de acordo. Agora perceba que essas são questões que sequer são tratadas quando trabalhamos em um ambiente com uma única cultura envolvida. Quando você viu o estabelecimento de regras de reuniões em projetos nacionais? Simplesmente não viu, porque não são necessárias, em geral. De forma natural, as pessoas sabem como se portar em reuniões, pelo menos nas reuniões com pessoas da sua cultura.

Quando faço reuniões com suecos, tenho todo o tempo do mundo para pensar e me expressar. É mais ou menos o sentimento de você passeando de carro no domingo por uma rua calma com semáforos, e quando você precisa cruzar uma rua basta aguardar alguns segundos que todos os carros irão parar para você poder avançar tranquilamente. Quando faço reuniões com franceses, a dinâmica é totalmente diferente e se expressar não é algo tão simples. É mais ou menos como tentar entrar em uma avenida movimentada e sem semáforos, onde você só conseguirá seguir seu caminho se esperar a menor brecha e acelerar.

O *feedback* é outro exemplo de algo que precisa ser adaptado em contextos globais. Enquanto nórdicos e anglo-saxões têm bastante facilidade para aceitar o *feedback* direto e franco, latinos não possuem nem de longe a mesma habilidade para lidar com isso. Portanto, se você der o mesmo *feedback*, da mesma forma, para pessoas de culturas diferentes, corre o risco de ter reações extremamente distintas. Enquanto um poderia aceitar tranquilamente, o outro poderia se sentir diminuído, atacado pessoalmente ou mesmo arrasado. Mas então o que fazer em um caso como esse? Adaptar-se à cultura. Se a abordagem direta para algumas culturas funciona sem problemas, para outras, como as latinas, uma estratégia indireta pode ser o melhor. A clássica receita do sanduíche pode ser a mais apropriada. Se você não conhece, estou falando da clássica fórmula pão/recheio/pão, ou, no caso, elogio/*feedback*/elogio. Ou "morde e assopra", se preferir.

Eu poderia continuar com exemplos e mais exemplos, mas seria muita pretensão de minha parte achar que um simples capítulo seria suficiente para tratar um tema que demanda uma obra completa. O que quero despertar em você é a consciência sobre o quão crítico pode ser o fator cultural na gestão de projetos. Sem esse conhecimento cultural prévio, todas as

Como trabalhar com times globais de diferentes culturas? 129

ações do projeto são afetadas. Um simples e-mail pode levar a consequências desnecessárias. Você já se deu conta de que o simples fato de acrescentar alguém em cópia a um e-mail pode ter consequências diferentes segundo a cultura de origem das pessoas envolvidas? Acredite, pode – e inclusive consequências graves!

O problema é que o conhecimento cultural por parte do gerente de projetos é um excelente começo, mas ainda insuficiente para absorver o impacto das diferenças culturais em um projeto. Além de saber lidar com todos os *stakeholders*, o gerente de projetos precisa fazer com que os membros de sua equipe consigam trabalhar em relativa harmonia entre si, apesar das diferenças culturais. Orquestrar essas ações é papel do gerente de projetos. De nada adianta entender as nuances culturais se as pessoas da sua equipe não se entendem.

Para isso, é fundamental que o gerente de projetos aborde o assunto cultural de maneira aberta desde o início do projeto. Mesmo quando você é experiente na gestão de projetos globais, nem sempre sua equipe também será. Promova reuniões ou *workshops* para tratar do tema mostrando que em um ambiente global todos estão sujeitos a serem mal compreendidos, e que por isso é importante que todos se comuniquem da maneira mais clara e objetiva possível toda vez que sentirem que algo não está bem. Faça isso e as pessoas se sentirão mais confortáveis para expressar suas preocupações, além de se sentirem mais preparadas e apoiadas para enfrentar dificuldades relacionadas ao choque de culturas. Esteja sempre disponível para ajudar sua equipe a resolver os conflitos culturais.

Para finalizar, eu queria dizer uma última coisa: se por um lado a gestão de projetos globais impõe um grande desafio, por outro lado, uma vez que o assunto seja dominado pelo gerente de projetos e sua equipe, surge um ambiente multicultural extremamente estimulante para todos. Mesmo inconscientemente, conseguimos aprender coisas com outras culturas que dificilmente teríamos oportunidade. Equipes multiculturais propiciam aprendizado em função da sua diversidade, e esse é um ganho considerável para todos.

9.2. *Traduttore, traditore*

Outro aspecto importante a se considerar na gestão de projetos globais é a questão do idioma. O recado aqui é simples: se você tem alguma limitação para se comunicar no idioma oficial do projeto, a ponto de afetar seu entendimento ou impactar a fluência nas reuniões, eu recomendo que você resolva o problema. É muito, realmente muito triste você ter todas as capacidades para gerir um projeto de grande envergadura e complexidade e acabar sendo penalizado por limitações de idioma. Já vou adiantar que darei algumas dicas de como lidar com isso, mas o fato é que você precisa ter um domínio mínimo do idioma no qual o projeto será gerido. Pense comigo: se o entendimento corrente é de que 90% do

130 Manual de Sobrevivência para Gerentes de Projetos

tempo de um gerente de projetos é dedicado à comunicação, será que o domínio do idioma do projeto não seria fundamental?

É preciso entender, antes de tudo, que existe uma distância enorme entre o que está na sua cabeça e o que sai da sua boca, dependendo do idioma no qual você está se expressando. Se estiver utilizando seu idioma nativo, essa distância é mínima, mas se estiver utilizando outro idioma, então essa distância pode ser muito grande. O que posso aconselhar é que você seja pragmático e não queira ter o mesmo nível do idioma de um nativo. Por pragmático eu quero dizer o seguinte: atinja um nível em que você se sinta à vontade com o idioma de modo que ele não seja uma barreira no seu dia a dia. Ter que se preocupar com o projeto já é suficiente, então não adicione algo desnecessário, como a dificuldade com o idioma, nessa equação.

Se pensarmos no idioma do ponto de vista da compreensão, e especificamente no inglês (idioma oficial da maioria dos projetos globais), você encontrará todos os níveis de domínio do inglês e as mais variadas pronúncias, e você precisa estar apto a entender todas elas, seja lá qual for o domínio deles do inglês. Para se certificar de que o nível de inglês de alguém não seja um problema, promova uma entrevista com o candidato a se juntar ao projeto para garantir que ele domine minimamente o idioma do projeto.

Em um projeto, tratamos sempre de assuntos complexos como escopo, requisitos, custos, entre outros, e isso quer dizer que um mal-entendido pode custar muito caro. Uma dica para evitar essa armadilha da compreensão é fazer com que suas reuniões sempre sejam amparadas por uma apresentação escrita, visto que assim evitamos interpretações e outros mal-entendidos. Mesmo quando estamos criando um material em grupo, é interessante compartilhar o documento em questão para que todos possam visualizar e fazer as devidas considerações quando uma informação estiver incorreta ou for mal compreendida.

Às vezes, participamos de reuniões com duas ou mais pessoas sobre um assunto bastante aberto, e muitos gostam de fazer suas anotações sem compartilhá-las em tempo real. Esta é uma opção perfeitamente viável também, mas nesse caso torna-se ainda mais necessário enviar uma ata de reunião a todos, mesmo que simples e objetiva, apenas para confirmar o entendimento geral. Você verá que não raro você terá alguns comentários sobre entendimentos não claros, complementos ou considerações diversas.

Lembre-se também de que não é só você que está interagindo fora do seu idioma, e outras pessoas podem apresentar uma dificuldade bastante elevada. Algumas pessoas vão dizer facilmente "eu não entendi tal ponto, você pode repetir?", mas outras podem se sentir constrangidas em pedir para você repetir algo, seja para não mostrar sua limitação no idioma, ou por achar a ação uma falta de respeito. Dependendo da cultura, principalmente, muitas permanecerão em silêncio, passando a errônea impressão de que está tudo bem.

Como trabalhar com times globais de diferentes culturas? 131

Para situações como essas, as atas de reunião vão ajudar, mas você pode também solicitar, antes da reunião, informações individuais a todos, e você verá que muitas pessoas que quase nunca se exprimem durante as reuniões irão compartilhar um conteúdo bastante interessante. Sobre isso, houve um projeto onde nossos colegas orientais raramente se expressavam. O interessante é que quando eram solicitados a dar sua opinião por escrito eles o faziam de maneira impecável, com um elevado domínio do idioma. Após uma investigação rápida, a pessoa que comandava as reuniões confirmou que essas pessoas tinham extrema vergonha de se expressar em função da sua pronúncia, mas que se sentiam à vontade para fazê-lo de maneira escrita.

Existem casos extremos nos quais você terá que lidar com pessoas com um nível sofrível de idioma e talvez seja preciso tomar uma decisão, dependendo da importância da pessoa e da viabilidade de substituí-la. Mas esta deveria ser uma situação extrema, na qual realmente o projeto é afetado. Se uma pessoa entende e se faz entender, independentemente da pronúncia, vocabulário ou outros detalhes, então não deveria ter problema. Temos que respeitar o fato de que a pessoa não está no seu idioma nativo. O que não pode ser aceito é que o domínio do idioma de determinada pessoa se torne um problema para o projeto.

Veja este caso. Recentemente, um colega me pediu para eu me juntar a uma reunião virtual de que ele estava participando. De início, não entendi muito bem a razão, já que eu não tinha nada a ver com o assunto. Ele apenas me convidou e disse: entre! Depois de alguns segundos entendi o que ele queria dizer. Eu não conseguia entender quase nada do que o apresentador falava. Na verdade, me parecia às vezes mais um idioma do leste europeu do que inglês. Bem, talvez este fosse um desses casos extremos de que falei sobre uma intervenção ser necessária.

O modo mais fácil de saber se você está lidando bem com a questão do idioma é quando não se ouve falar disso. As diferenças de idioma nunca deveriam ser o centro das atenções, e na verdade deveriam passar despercebidas. Temos grandes desafios na gestão de projetos, e não deveríamos perder tempo com incompreensões. Sendo assim, identifique e resolva qualquer dificuldade de idioma de sua equipe desde o início para que isso não cause danos ao projeto.

Existe, porém, outra sutileza nessa história. Mesmo quando não temos problema para entender e nos fazer entender, temos sempre o risco da interpretação. Palavras e expressões podem ter peso completamente diferente de acordo com a cultura envolvida. Franceses, quando indagados sobre o que eles pensam sobre algo, eventualmente respondem "não é ruim". Como brasileiros, poderíamos pensar que seria uma situação normal do tipo "não chega a ser de todo ruim". O fato é que o "não é ruim" dos franceses na verdade quer dizer que é bom. Por outro lado, "não é terrível" é algo ruim. Ou seja, "não é ruim" é bom e "não é terrível" é ruim. Fácil, né?

132 Manual de Sobrevivência para Gerentes de Projetos

Veja outro exemplo. Um amigo meu certa vez me relatou o caso de um de seus alunos brasileiros que trabalhava para uma multinacional francesa e que estava completamente frustrado depois de uma apresentação que ele havia feito a um grupo de executivos franceses. Ele havia se preparado por semanas e acreditava que a apresentação estava perfeita. Quando ele terminou, o único comentário que ouviu de sua audiência é que existiam alguns erros de pontuação, mas nenhum elogio. O grande problema aqui é que a pessoa em questão interpretou a situação com base na sua cultura, e não com base na cultura das pessoas que estavam participando da apresentação. Em uma quantidade enorme de culturas, a ausência de elogio é, na verdade, um elogio. Nem todas as culturas têm o prazer e a disposição de brasileiros para elogiar e ser elogiado. Algumas pessoas ficam inclusive incomodadas quando recebem elogios.

Quando se analisa a situação com base na cultura de quem fez as críticas, pode-se concluir facilmente que ela foi um sucesso. Ele acabara de passar pelo crivo de uma banca de franceses, e os únicos comentários foram de detalhes sobre a forma – ou seja, sucesso! Mas ao apresentador faltou a interpretação adequada, o que reforçou a imagem de que francês é "reclamão" por natureza, que nunca está contente, mas não é bem assim. Franceses se preocupam sempre com questões de conteúdo e de forma. Se ele recebeu pequenos comentários sobre detalhes da forma, quer dizer que eles gostaram do conteúdo – então, de novo, sucesso! Essa interpretação é fundamental, caso contrário não conseguiremos decodificar as mensagens de maneira apropriada.

Veja outro caso. Há alguns anos, participei na Suécia de uma reunião, bem "cadenciada", eu diria, com mais de dez pessoas em torno de uma grande mesa. Em determinado momento todos pararam de falar por 15 longos segundos! Você consegue imaginar isso? Durante 15 longos e torturantes segundos ninguém falou, já que quem estava com a palavra não havia ainda terminado seu raciocínio. Suecos adoram fazer longas pausas para pensar enquanto falam. Se o mesmo acontecesse no Brasil, você poderia tranquilamente ter levantado e ido embora, pois, se ninguém falou por 15 segundos, então a reunião com certeza foi encerrada por problemas de áudio. Se em uma reunião na França ninguém falar por 15 segundos, corra. Algo de muito errado está acontecendo com o mundo e pode ser um claro sinal do fim dos tempos, como se estivesse no apocalipse: "franceses irão parar de falar por vários segundos durante reuniões, e o céu irá se partir...".

Ao mesmo tempo, uma vez que você esteja ambientado à cultura em questão, você para de sofrer e começa a interpretar as coisas de maneira rápida e automática. Toda vez que estou em reuniões globais eu fico analisando o comportamento dos meus pares, sempre considerando a sua cultura, pois, caso contrário, a interpretação fica comprometida. Quando converso com meus colegas americanos sou uma pessoa; quando lido com meus pares suecos sou outra; e quando estou na França ou no Brasil, sou outra. Essa capacidade de adaptação é fundamental

Como trabalhar com times globais de diferentes culturas? 133

se quisermos dar andamento aos nossos projetos de maneira harmoniosa, não perdendo tempo com as armadilhas culturais.

Pessoas se confundem trabalhando no mesmo lugar, na mesma língua e dentro da mesma cultura. Então imagine o que pode acontecer com pessoas em lugares e culturas diferentes que não estão se expressando na sua língua materna? Os exemplos que dei foram apenas para mostrar a importância do assunto e como devemos nos preparar. A mensagem é simples: cuidado para essa questão do idioma e da cultura não se tornar crítica no seu projeto. Utilize as dicas que dei, mas vá além e se aprofunde no tema. Gosto muito de um ditado italiano que diz "traduttore, traditore" (que em português seria "tradutor, traidor"), que basicamente mostra que sempre que traduzimos algo estamos, em algum nível, traindo a sua essência. Cuidado para não ser traído pelas armadilhas de outros idiomas e culturas. Evite "traduzir" gestos e ações e passe a interpretá-los de acordo com a cultura de origem da pessoa. Isso irá salvá-lo de inúmeras situações difíceis.

9.3. O desafio geográfico

Uma das principais funções de um gerente de projetos é liderar sua equipe. A qualidade dessa liderança pode ser determinante do fracasso ou do sucesso do projeto. Agora, existe grande diferença entre liderar uma equipe local com a qual você está acostumado a trabalhar há anos e uma equipe alocada em outro país.

Nas equipes dispersas globalmente, você tem a interação muito afetada pela falta da presença física, o que complica muito o processo de comunicação. Nunca perca de vista que a comunicação é essencialmente não verbal. Cerca de 60% da comunicação acontece através da linguagem corporal, 30% pela tonalidade da voz e apenas 10% pelas palavras. Quando não se tem a visão do seu interlocutor, então boa parte do processo de comunicação fica comprometida.

Outro problema decorrente de projetos em várias localidades são equipes em diferentes fusos horários. Dia desses, meus colegas suecos estavam reclamando de trabalhar com o Japão, que estava sete horas na nossa frente, o que dificultava demais encontrar horários para fazer reuniões e outras atividades. Eu respondi que, quando trabalhava no Brasil, eu nunca tinha tido esse problema. Eles acharam curioso e me perguntaram logo em seguida como eu fazia, achando que eu fosse dar uma solução mágica, quando respondi que eu nunca tive problemas porque eu nunca consegui trabalhar com uma equipe japonesa. Apesar de variar conforme o horário de verão, o fuso horário entre Brasil e Japão oscila em torno de 12 horas, o que torna quase impossível trabalhar nos mesmos projetos.

134 Manual de Sobrevivência para Gerentes de Projetos

Às vezes, durante a manhã, surge um problema e sou obrigado a aguardar o início da tarde para poder recorrer a um colega brasileiro ou americano. Em outros casos, sou obrigado a participar de uma reunião de madrugada por contextos específicos que demandam, por exemplo, que as equipes de todo o mundo participem da reunião ao mesmo tempo. Quando preciso contatar meus colegas indianos, tenho que fazê-lo logo pela manhã. Enfim, esses problemas não são raros nem irrelevantes quando se trabalha com equipes globais. Quanto maior a diferença de fuso horário, maior a dificuldade. Infelizmente, não existe uma solução ideal.

A melhor solução é tentar trabalhar com equipes que estejam atuando em fusos horários próximos, mas isso nem sempre é possível. Quando não for, você pode tentar isolar parte do escopo para que a equipe que está distante tenha mais independência, sabendo que isso ameniza, mas não resolve, o problema. Cuidado também para não priorizar, por exemplo, o horário europeu e fazer seus amigos indianos trabalharem até a meia-noite. Independentemente de equipes globais ou não, o respeito deve imperar sempre. Além dessas ações, não há muito o que fazer, e você terá que lidar com cada situação da melhor forma possível.

Dependendo do contexto, as diferenças de fusos horários podem ser uma vantagem. Desenvolvimentos de software acelerados são um exemplo onde podemos utilizar o princípio "siga o sol" (*follow-the-sun*). Nesses casos, uma primeira equipe trabalha durante o dia e ao final da jornada faz uma reunião curta de passagem para outra, que acaba de iniciar seu dia em função da diferença de fuso horário, e assim por diante. Assim, você tem uma capacidade muito acelerada com equipes se revezando no desenvolvimento, e todas com o conforto de trabalhar em horários normais. Suporte é outro exemplo onde as diferenças de fuso podem propiciar um atendimento 24 horas por dia, com as equipes trabalhando em seus horários convencionais. Esses foram apenas dois exemplos, mas existem outros. Apesar de alguns benefícios, na maioria dos casos as diferenças de fusos vão causar mais transtornos que benefícios.

Essa dispersão geográfica irá impor inúmeros desafios, criando muita dificuldade na interação entre as pessoas. Por mais que tenhamos bons recursos para comunicação através de reuniões virtuais ou videoconferências, nada disso se compara a uma interação presencial. Por mais que você utilize com competência esses recursos, eles têm limitações. Quem consegue ficar mais de três horas em uma reunião virtual? Além disso, perdemos toda a comunicação não verbal pela distância. Essa linguagem não verbal é fundamental para entender se uma informação foi bem aceita ou não, se alguém está interessado por algum assunto, entre tantas outras informações úteis.

O ideal seria você manter uma interação presencial mínima com suas equipes pelo mundo, mas isso impactaria seus custos e você precisaria encontrar um equilíbrio. Se você não tiver um orçamento para isso, então você terá problemas. A questão cultural também é importante. Enquanto algumas culturas estão bem acostumadas a trabalhar de maneira isolada, outras não se sentem confortáveis e vão solicitar sua presença de tempos em tempos. Não subestime o fator geográfico. Ele pode ser decisivo na gestão das equipes distantes. Utilize ao máximo os recursos de tecnologia de comunicação, mas intercale-os com encontros presenciais quando possível. Fazendo isso você não resolverá todo o problema, mas conseguirá minimizar bastante seu impacto, sabendo que cenários diferentes vão exigir maior ou menor interação pessoal. Cabe a você analisar e decidir.

9.4. Equipes globais e sua relação com os custos

Gerir equipes globais normalmente vai custar mais caro, mas não necessariamente. Primeiro custa mais caro por razões óbvias. As equipes estão em outros sites, e com maior ou menor frequência elas precisam se encontrar. Um simples deslocamento pode ser bem dispendioso quando consideramos todos os custos de viagens, e às vezes precisamos promover encontros frequentes ao longo de um projeto.

Verdade que esses custos foram bastante reduzidos nos dias de hoje, graças a ferramentas como troca de mensagens instantâneas, comunicação de voz sobre IP e videoconferência. Essas tecnologias se tornaram tão triviais que alguns projetos são geridos sem qualquer contato pessoal entre equipes dispersas globalmente. Por outro lado, tentar minimizar em excesso as interações presenciais entre equipes globais pode ter um impacto muito grande na produtividade durante o projeto. O problema é que essa produtividade é subjetiva, enquanto o custo da viagem é extremamente concreto. O custo de uma viagem é medido nos centavos, mas o quanto se ganha em produtividade no projeto após um encontro entre equipes de localidades diferentes?

Com certo nível de interação presencial, os níveis de conforto e confiança aumentam consideravelmente entre os membros do projeto. Esse ganho acontece muitas vezes por conta das atividades que ocorreram fora do ambiente de trabalho. Jantares ou atividades de *team building* são excelentes nesse sentido. Este é um custo que sempre considero em meus projetos. Sem esses encontros, o projeto acontecerá de qualquer forma, mas sem a mesma eficiência.

Contudo, essa prática depende muito da cultura organizacional, da cultura das pessoas e do contexto. Algumas empresas veem isso como algo fundamental, enquanto outras não aceitam, por entenderem como gasto desnecessário. Minha recomendação é: tente sempre ter um mínimo de interação presencial, principalmente na fase inicial do projeto. Se não for possível reunir a equipe, tente pelo menos você, enquanto gerente de projetos, encontrar suas equipes. Esses encontros serão extremamente benéficos e valerão cada centavo investido. Agora, se não for possível, utilize ao máximo as ferramentas de tecnologia que mencionei, mas saiba que não será a mesma coisa.

136 Manual de Sobrevivência para Gerentes de Projetos

Apesar dos pontos de atenção, um aspecto positivo na gestão de equipes globais que pode beneficiar o projeto em termos de custos é a diferença do custo dos recursos. Um exemplo recorrente são projetos de países ocidentais utilizarem recursos de países como China e Índia. Dependendo do recurso em questão, a diferença de custo entre um recurso europeu e indiano pode, por exemplo, ser de 300% a 400%. Alguns projetos, inclusive, só atingem sua viabilidade econômica quando utilizam recursos de países com custos inferiores.

Por outro lado, já ouviu a máxima do barato que sai caro? Esses recursos parecem muito atraentes pelo seu baixo custo, porém, cuidado, pois a perda de produtividade pode eliminar todo o ganho teórico da diferença de custo. Trabalhar com equipes asiáticas pode exigir custos de deslocamento, maior supervisão e uma perda de produtividade devido a fatores como distância, idioma e cultura. Vi inúmeros projetos serem muito bem-sucedidos trabalhando com essas equipes e outros fracassarem a ponto de o cliente nunca mais querer trabalhar com equipes desses países. Pode ser um excelente negócio para o projeto em termos de custos, mas existem vários pontos com os quais você, como gerente de projetos, precisa estar seguro antes de confirmar o engajamento dessas equipes. Cada contexto vai exigir uma decisão diferente.

Se você tomar todos os cuidados e prevenções para lidar com equipes dispersas, você poderá conseguir um nível de competitividade muito interessante em função dos ganhos de custos. Mas essa análise não é apenas matemática, e você precisará de bastante experiência para considerar a criticidade do projeto, o nível de interação necessário, a experiência prévia em lidar com determinada cultura, entre outros fatores. Se você ainda não se sente pronto, então prepare-se antes de aceitar o desafio. Você precisará estudar mais sobre o tema e talvez necessite de ajuda de um gerente de projetos mais experiente em um primeiro momento. Adquira experiência gradualmente e, à medida que se sinta mais confiante, aceite desafios maiores. Se você entrar despreparado para gerir um projeto global, corre o risco de ser dizimado em pouco tempo, sem nem mesmo saber o que o atingiu.

9.5. Brasileiros na gestão de projetos globais

Como regra geral, quanto mais global o contexto no qual você está inserido, mais adaptado a ele você deveria estar. Se entrar em um projeto global apenas com os óculos da sua cultura de origem, você terá graves dificuldades para conseguir enxergar as coisas como elas realmente são. Isso é válido para qualquer cultura, e a brasileira não é uma exceção. Suas particularidades podem ter grande impacto no desempenho de gerentes de projetos brasileiros quando confrontados com ambientes globais.

Como trabalhar com times globais de diferentes culturas? 137

Veja a questão do reconhecimento, por exemplo. O raciocínio do brasileiro é bem simples: você faz um bom trabalho e, por conseguinte, recebe os parabéns, igualzinho na escola, quando fazíamos um bom trabalho e ganhávamos estrelinhas da professora (ou tia, como chamávamos). Isso é um comportamento conhecido entre brasileiros, mas não é a mesma coisa em cenários globais. Em uma grande quantidade de culturas você raramente será elogiado, independentemente do trabalho que tenha feito. Ou eventualmente até será, mas não na proporção que gostaria. Como lidar com isso? Simplesmente diminuindo sua necessidade de tapinha nas costas ou aceitando o fato de que a ausência de crítica já significa um elogio. Dependendo da cultura, eu calibro meu olhar para o fato de que críticas não relevantes já caracterizam uma aceitação do meu trabalho. Diminua suas expectativas quanto ao reconhecimento e assim não se sentirá frustrado. Se precisa saber como está seu desempenho, não conte com elogios. Prefira uma abordagem direta através de *feedback* franco. Ao contrário de brasileiros, em diversas culturas as pessoas não hesitarão em dizer o que pensam do seu trabalho, o que nos leva a um outro fator, que é a franqueza.

Brasileiros não são francos – ou, como diriam os especialistas em culturas, brasileiros têm uma maneira indireta de dizer as coisas. Não estou falando isso no sentido negativo. Brasileiros são indiretos e evitam dizer o que pensam para preservar as relações acima de tudo. Quantas vezes você jantou na casa de alguém e quando o anfitrião perguntou o que você estava achando da comida você respondeu francamente com críticas? Somos o que somos, e na gestão de projetos não nos tornamos pessoas diferentes. Quantas vezes você disse abertamente o que achava do trabalho de alguém quando não estava contente? O problema é que em outras culturas isso é normal, e já vi gerentes de projetos profundamente abalados por terem recebido críticas ao seu trabalho, o que nos leva a outro aspecto da cultura brasileira.

Assim como precisamos de elogios, lidamos muito mal com as críticas, um efeito também chamado de "ouvido de cristal", também oriundo de uma cultura de relacionamento onde quase nunca ouvimos o que o outro realmente pensa. Daí, quando ouvimos críticas, elas diminuem nossa confiança e nos abalam emocionalmente. Mas quando trocamos os "óculos" e colocamos os mesmos de quem tece as críticas, então o problema muda completamente ou até mesmo desaparece. Em várias culturas a crítica é algo normal e esperado. É a maneira pela qual as pessoas podem fazer correções para melhorar seu desempenho. Mas mesmo quando a crítica em si é aceita, brasileiros se incomodam com a forma. Sabe a história do "não foi o que ele falou, mas a maneira como ele falou"? Em um ambiente global, nem sempre todos farão cerimônia para falar o que pensam.

Não existe uma fórmula mágica para lidar com isso, e apenas o tempo e a exposição a situações como essas irão preparar alguém. O importante é manter em mente que, sempre que depararmos com situações como essas, precisamos evitar que sejamos afetados em função de nossa base cultural. Precisamos analisar a situação com base nos valores do emissor

138 Manual de Sobrevivência para Gerentes de Projetos

da mensagem, e não do receptor. Enquanto aos olhos de um brasileiro a crítica direta é algo que o afeta pessoalmente, aos olhos de quem fez a crítica pode ser um simples *feedback* para correção de rumo. Para o gerente de projetos que inicia no mundo dos projetos globais, uma simples frase do tipo "seu controle de custos é insuficiente" pode ter um impacto enorme com consequências desnecessárias. Se na cabeça de quem fez o comentário o objetivo era apenas dizer "suas informações de custos não são suficientes, ajuste...", na cabeça de alguém oriundo de uma cultura de relacionamento pode errônea e perigosamente soar como "você é incompetente e sequer consegue fazer um relatório de custos apropriado". Exagero de minha parte? Talvez. Mas já cansei de ver reações exageradas relativas a situações em que, honestamente, eu não percebia qualquer coisa de anormal.

Vou passar agora à flexibilidade, ou adaptabilidade, se preferir. Para mim, essa é uma das competências mais importantes de um gerente de projetos. Sinceramente, acho que os gerentes de projetos brasileiros estão entre os melhores do mundo nesse quesito. De maneira geral, percebo rigidez em maior ou menor nível nos gerentes de projetos de outras culturas. Seja no método, seja na maneira de trabalhar, no horário ou na disposição em usar um simples *template* criado por outra pessoa, sempre encontro certa rigidez. Essas dificuldades são raramente encontradas nos gerentes de projetos brasileiros, que se adaptam facilmente aos mais diversos contextos. Não sou apenas eu que digo isso, mas diversos colegas americanos, suecos e franceses, que já me deram excelentes *feedbacks* sobre os gerentes de projetos brasileiros nesse aspecto. Essa é uma grande força que precisa ser explorada. É sem dúvida um grande diferencial!

Por outro lado, eu não poderia deixar de fazer uma ressalva importante. Às vezes gerentes de projetos brasileiros são flexíveis demais. Lembre-se de que este livro é sobre sobrevivência, e gerentes de projetos brasileiros às vezes exageram na flexibilidade e acabam pagando um preço desnecessário. Estou falando do dia a dia do projeto, onde flexibilidade exagerada pode impor ao gerente de projetos sacrifícios que não são justificados. De maneira específica, gerentes de projetos brasileiros não hesitam em aceitar uma reunião às três da manhã (para sincronizar com equipes de outros fusos horários), ficar até mais tarde, utilizar ferramentas que não são as suas ou mesmo aceitar mais projetos do que têm capacidade de gerir de maneira adequada. Brasileiros, nesse nobre espírito de querer agradar a qualquer custo – ou melhor, agindo a partir de sua cultura de relacionamento –, concordam com situações que dificilmente seriam aceitas por seus pares estrangeiros. Recentemente conversei com um colega gerente de projetos no Brasil que me disse que estava com uma alocação de 150% e que precisava chegar mais cedo para dar conta do volume de trabalho. Quando perguntei por que ele não alocava outro recurso para ajudá-lo, ele disse que o projeto não tinha dinheiro! Ora, por mais que seja verdade, não cabe ao gerente de projetos compensar o orçamento insuficiente. São em situações como essas que o excesso de flexibilidade pode ser prejudicial.

Como trabalhar com times globais de diferentes culturas? 139

No longo prazo esse exagero não gera benefícios, além de poder impor grande desgaste físico e emocional ao gerente de projetos. Certa flexibilidade é importante, e gerentes de projetos brasileiros têm isso naturalmente, mas o exagero nunca é bom. Eu já participei de reuniões às três da manhã, assim como já assumi uma carga maior de projetos do que seria o adequado, mas isso tem que ser a exceção e não a regra. Se for o caso, diga honestamente: eu entendo a dificuldade e posso ajudar fazendo isso ou aquilo temporariamente, mas dê um prazo. Assumir um projeto adicional por uma situação crítica pode ser necessário, mas apenas por um certo período e nada mais. E veja que estou falando de uma situação crítica.

Agora, quando a situação é de pura flexibilidade sem maiores consequências, onde o gerente de projetos está confortável, então eu diria que não tem problema. Às vezes proponho maneiras de trabalhar que meu cliente questiona, visto que ele tem a sua própria. Estou falando, por exemplo, de modelos de status, frequência de relatórios e coisas do tipo, e não tenho problemas em me ajustar, sempre me preservando e preservando a qualidade das minhas entregas.

Outro traço cultural mais grave, talvez decorrente de uma derivação indevida da flexibilidade, é o jeitinho brasileiro. Aquele jeitinho que tenta sempre quebrar as regras ou as leis de uma forma, vamos dizer assim, "leve". Muito cuidado com isso, pois o que pode ser considerado um "jeitinho" por brasileiros pode ser algo grave e ilegal em outros países. Se a disposição por quebrar as regras é intrínseca da cultura brasileira, o mesmo não é verdade para outras culturas. Atuando em projetos nacionais, gerentes de projetos brasileiros não sentem dificuldades com isso, mas esse menosprezo às regras fica evidente quando se choca com outras culturas.

Veja o caso dos contratos, por exemplo. Um gerente de projetos estava discutindo com o cliente algumas questões sobre o projeto com as quais ele não concordava. Quando se sentiu acuado por não ter razão, o cliente evocou o contrato, que deveria ser seguido para resolver a questão. Nesse momento a resposta do gerente de projetos foi decisiva: "tudo bem, se você quiser exercer tal cláusula do contrato não tem problema, mas saiba que nesse caso todo o contrato deverá ser seguido à risca". O cliente imediatamente recuou e uma solução amigável foi encontrada. No fundo, o cliente sabia que, se por um lado o projeto não respeitava algumas cláusulas, por outro, do seu lado, ele não respeitava muitas. E não ache que isso é uma exceção. Contratos no Brasil são vistos como um acordo inicial para se proteger de grandes problemas, mas que na prática não são respeitados nos seus detalhes, ou pelo menos não até que algo grave ocorra. Mas se esse comportamento funciona bem entre brasileiros que conhecem as regras do jogo, por compartilhar da mesma cultura, o mesmo não é verdadeiro em outros lugares. Em diversas sociedades, contratos são feitos para serem seguidos e pronto. Alguns gerentes de projetos são pegos de surpresa quando questionados sobre questões contratuais por seus fornecedores ou clientes e percebem que o jeitinho será ineficaz nesses casos. Não tem acordo.

140 Manual de Sobrevivência para Gerentes de Projetos

Vejamos a questão temporal. Se uma entrega do seu projeto está prevista para uma certa sexta-feira à tarde e você está um pouco atrasado, então não faz diferença fazê-la na segunda pela manhã, não é? Não, não é! Não ache que se você ligar apenas na sexta-feira avisando seu colega canadense você terá a mesma simpatia que teria de um brasileiro. Honestamente, você pode até não ter problemas, mas tem um grande risco de ser questionado ou no mínimo ter sua imagem arranhada por não ter alertado antes. Tanta chatice por apenas um dia, não é? Não, de novo, não é! Não é a questão da quantidade, mas do acordo quebrado. Um dia ou um ano, não importa: uma promessa não foi cumprida. É dessa forma que muitas pessoas de outras culturas olharão a situação.

Eu sou brasileiro e conheço bem os dois mundos. Eu sei que brasileiros eventualmente não cumprem seus compromissos porque não sabem dizer que não conseguem e às vezes acham que um esforço suplementar de sua parte será suficiente, quando não é sempre o caso. Não caia nessa armadilha. Se souber de antemão que uma solicitação não pode ser cumprida, seja honesto e avise que não pode. Resumidamente, não se comprometa com o que não pode entregar. Por causa nobre ou não, você será extremamente malvisto em outras culturas em casos de atrasos.

Brasileiros acreditam que as relações devem ser protegidas acima de tudo, mesmo em detrimento do projeto, e isso, além de estar errado, simplesmente não faz o menor sentido em outras culturas, mesmo porque as duas coisas não são excludentes. O projeto não pode sofrer porque você não consegue dizer não. Eu também fui assim por muitos anos e hoje enxergo claramente como estava errado. Você não irá magoar ninguém se disser não. Se não pode, explique o porquê e pronto. Ser honesto e honrar seus compromissos são maneiras muito mais efetivas de manter relacionamentos do que se comprometer com algo e depois não honrar.

No geral, eu sou um otimista quando analisamos a totalidade das competências dos gerentes de projetos brasileiros. Conseguimos fazer grandes entregas, mantendo um bom ambiente no projeto e preservando os relacionamentos. Somos relacionais por natureza e não podemos abrir mão dessa força, mas precisamos gerir bem essa competência e conhecer seus limites.

Não deixe de utilizar essa força relacional e o carisma natural dos brasileiros. Convide seus *stakeholders* estrangeiros para um eventual *happy hour*, pois eles apreciam isso, mesmo que normalmente não o façam. Ao mesmo tempo, não se sinta excluído e carente se passar um mês em outro país e não receber um único convite para jantar. É assim que é.

E, por favor, não ache que nossos colegas de outras culturas são máquinas insensíveis. A cultura vai delinear grande parte do comportamento das pessoas, mas encontraremos diferentes níveis e exceções. Apenas tenha ciência de que, liderando projetos globais, você estará entrando em outro mundo onde suas regras e paradigmas não funcionam mais. Vá com cautela, calibre suas "vantagens culturais", use suas forças, controle suas "deficiências culturais", controle suas fraquezas e tudo acabará bem.

10

A gestão dos *stakeholders*

10.1. Sem uma boa gestão de *stakeholders*, nenhum projeto consegue ser bem-sucedido

Se pensarmos na totalidade dos *stakeholders* de um projeto, eles são responsáveis por absolutamente tudo. Eles decidem, aprovam, definem o que precisa ser entregue, decidem se aceitam o que foi entregue, disponibilizam os recursos, dão suporte ao longo do projeto, são cruciais em momentos de crise, enfim, eles estão relacionados a todas as atividades de um projeto – daí a sua importância. Isso explica o quão crítica deve ser a gestão de *stakeholders*. Crítica a ponto de você ter que tornar essa atividade quase que diária. Sem dúvida, se fôssemos eleger os três fatores mais importantes para o sucesso de um projeto, a gestão de *stakeholders* seria um deles. Eu me arriscaria mesmo a dizer que este é o fator mais importante.

Certa vez fui convidado para liderar um projeto extremamente complexo no Japão que estava atrasado. Acabei não podendo assumi-lo em função de outros compromissos, mas cheguei a discutir o projeto com o responsável pelo programa. A grande dificuldade encontrada (na minha opinião, bem diagnosticada pela equipe local) não foram os problemas técnicos, mas a gestão de *stakeholders*. Não vou entrar nos detalhes do projeto, mas dada sua complexidade e a quantidade de *stakeholders* de diferentes nacionalidades, apenas uma gestão eficiente de todos envolvidos poderia reverter a situação.

O gerente de projetos deve lançar mão de uma série de ações para fazer com que todos estejam alinhados em torno dos objetivos do projeto e desempenhem suas atividades de maneira eficiente. Se você conseguir isso, então as chances do seu projeto ser bem-sucedido aumentam significativamente.

142 Manual de Sobrevivência para Gerentes de Projetos

A palavra-chave aqui é comunicação. Um gerente de projetos precisa se comunicar de maneira constante e eficiente se quiser construir esse ambiente positivo. Às vezes essa comunicação será mais simples, às vezes mais complexa; seja lá qual for o caso, ela precisa se ajustar à necessidade de cada um, na medida do possível.

Além da comunicação, o gerente de projetos será exigido ao extremo em suas habilidades comportamentais durante todo o processo de gestão dos *stakeholders*. Ele terá que negociar a todo momento, tendo que construir um consenso que incorpore, em maior ou menor parte, os interesses das diferentes pessoas ou grupos envolvidos. Dependendo do projeto e do seu momento, o gerente de projetos poderá passar semanas apenas promovendo discussões e alinhamentos. Apesar de ser uma atividade que consome muito tempo, ela é extremamente crucial e compensa cada minuto investido. Não negligencie por nenhum momento essa tarefa e tente ao longo de todo o projeto manter o engajamento de todos. Isso exigirá muita dedicação de você, mas as recompensas se farão sentir.

Cada grupo de *stakeholders* terá necessidades diferentes. Às vezes esses interesses serão mesmo antagônicos, e não raro o gerente de projetos se encontrará no meio de algumas batalhas. Em outros momentos, enfrentará fortes resistências ao projeto. Eventualmente, sentirá nada mais do que pura indiferença. Raríssimas vezes todos os *skakeholders* estarão de acordo desde o início do projeto. Por isso o gerente de projetos tem um papel crucial dentro desse cenário. O que está em risco é o sucesso do projeto. Um, apenas um *stakeholder*-chave que não esteja a favor, ou que não tenha sido devidamente envolvido, pode arruinar o projeto.

Durante todo o projeto, mas principalmente no início, no que chamo fase de alinhamento, você terá que dedicar uma grande parte do seu tempo, se não a maior parte, a conversar e envolver todos os *stakeholders* explicando, negociando concessões, angariando apoio e assim por diante. Jamais negligencie essa atividade. Ela pode ser determinante para o sucesso do seu projeto.

10.2. Identifique e envolva seus *stakeholders*

Se você não conseguir envolver os *stakeholders* do seu projeto de maneira apropriada, a chance do seu projeto fracassar é alta. Os fatores para esses fracassos são inúmeros, e os gerentes de projetos precisam estar muito atentos a isso. O primeiro passo para lidar com essa dinâmica é estar atento desde o início do projeto ou às vezes antes mesmo dele iniciar. Eu digo antes porque às vezes, ainda na fase de aprovação, o gerente de projetos pode ser chamado para ajudar nas interações com os primeiros *stakeholders*.

Quando se lidera um projeto em uma área com a qual se tem muita familiaridade, a etapa de identificação dos *stakeholders* fica bastante facilitada. Normalmente as pessoas envolvidas são as mesmas, e assim a fase trabalhosa e importante de identificação dos *stakeholders* se torna

A gestão dos *stakeholders* 143

bastante fácil. Eu conheço um gerente de projetos que há vinte anos atua na mesma empresa, em projetos de logística, sempre com as mesmas equipes. Muitos dos membros do projeto são seus amigos e acredito que essa seja uma das razões que contribuem para o sucesso dos seus projetos.

Mas essa não é a realidade da maioria, mesmo para um gerente de projetos com uma determinada especialidade. Mudar de projetos, áreas ou grupo de trabalhos é algo esperado, mas que tem como consequência todo o conhecimento sobre os *stakeholders* zerar. Essa é uma das etapas mais complicadas da preparação de um projeto e às vezes pode dar mais trabalho do que esperamos. Mesmo antes de buscar o engajamento dos *stakeholders*, é preciso identificá-los. Se você não conseguir fazê-lo de maneira apropriada e completa, poderá ter problemas. Dizem que o diabo mora nos detalhes: apenas um *stakeholder*-chave que não foi corretamente identificado e engajado pode afetar negativamente seu projeto a ponto de fazê-lo fracassar. Então, para evitar esse problema, certifique-se constantemente de que você não se esqueceu de ninguém.

Além de ter todos os *stakeholders* mapeados, é fundamental envolvê-los desde o início para conseguir seu engajamento. Já vi inúmeros casos em que *stakeholders* demoraram para ser envolvidos e por isso criaram certa rejeição. Note que esses casos de discordância não foram em função do projeto em si, ou política, ou qualquer outro fator, e sim devido ao simples fato de terem sido "esquecidos". O ego de algumas pessoas pode ser algo inimaginavelmente enorme e nunca pode ser ignorado. O lado positivo é que, para esse tipo de pessoa (e elas não são poucas), basta um envolvimento desde o início, dando atenção às suas solicitações, que tudo vai correr bem.

Já citei em vários momentos desta obra a flexibilidade e a capacidade de adaptação como uma das grandes competências que um gerente de projetos precisa ter. Esse caso dos *stakeholders* é um exemplo concreto da utilidade dessas competências. Não fique preso ao método e à teoria de gestão de *stakeholders,* enviando relatórios de desempenho semanais ou coisas do tipo. Se um *stakeholder* importante quer que você faça uma reunião diária de 15 minutos, então faça. Se ele quer uma reunião detalhada uma vez por semana, então que assim seja.

Claro que, como tudo na vida, existem limites, e você conhece os seus. Uma dica importante é algo que utilizo há anos com muito sucesso: se um *stakeholder* pede algum tipo de atenção especial, como reunião recorrente, mas você considera desnecessária, em vez de questionar, faça a atividade conforme a solicitação e mostre que você está no comando do projeto e que o está conduzindo de maneira profissional. O que vai acontecer é que, depois de algum tempo, alguns desses encontros serão cancelados pelo *stakeholder* em questão por ele não achar mais necessário, enquanto outros durarão poucos minutos, dado que você mostrará que tem total controle das ações. Com o tempo essas solicitações se tornarão bastante reduzidas e algumas sequer continuarão. É muito melhor você eliminar essas atividades porque mostrou competência do que pelo confronto.

144 Manual de Sobrevivência para Gerentes de Projetos

Conseguir o engajamento dos *stakeholders* do projeto é fundamental. Esse engajamento irá ajudá-lo todos os dias a superar as dificuldades. O caminho mais simples é envolver todos, escutar suas sugestões, compartilhar sua visão e sempre prover respostas, mesmo quando algum pedido não puder ser atendido. Tratar as pessoas com respeito e fazer com que elas realmente possam influenciar seu projeto é o melhor caminho para um resultado eficaz e harmonioso.

Existe um fator-chave no processo de gestão dos *stakeholders*: a capacidade do gerente de projetos e sua equipe de se colocar no lugar dos diversos *stakeholders*. Sem essa capacidade, as chances de conseguir o engajamento deles serão bem menores. Essa é uma tarefa que pode parecer simples a princípio, mas que na prática não é. Além da capacidade de se colocar no lugar de outra pessoa e conseguir ver o mundo com seus olhos, cada *stakeholder* quer algo diferente, e o projeto precisa dar uma resposta a essas solicitações.

Veja que não estou dizendo "atender", mas "dar uma resposta". Inúmeras vezes tive que negar solicitações de *stakeholders*, mas as fiz de maneira clara e honesta, mostrando por que algo em específico não poderia ser atendido. Claro que eles não ficavam radiantes em receber a negativa, mas ao mesmo tempo ficavam parcialmente satisfeitos, no sentido de que suas requisições foram consideradas, analisadas e respondidas em tempo hábil. Agindo dessa maneira, eu consegui desarmar possíveis resistências.

Essas solicitações são muito variadas, e o gerente de projetos precisa entender que eventualmente existem razões escondidas por trás da solicitação explícita dos *stakeholders*. Em todos esses anos como gerente de projetos, eu obtive as mais diversas solicitações, algumas com as quais eu não estava nem de perto preparado para lidar. Uma vez, em um projeto que liderei, identifiquei na fase inicial uma pessoa que seria muito importante para o projeto. Na minha primeira conversa, quando eu explicava um pouco o escopo, essa pessoa se virou para mim e disse: "tudo bem, eu já entendi. Você pode contar comigo desde que o projeto não afete meu tratamento e desde que você aceite que eu precisarei estar ausente da empresa por alguns períodos". Na verdade, eu vim a saber que ele tinha câncer e a única coisa que ele não queria era ter seu tratamento perturbado. Nada mais.

Em outros casos a pessoa em questão discordava completamente do projeto, achava que ele seria um fracasso e que não poderia contar com ela. Você pode estar pensando que isso é algo ruim, mas existe pior – e digo isso porque a pessoa teve a honestidade de dizer o que pensava e o que eu podia esperar dela, o que facilitou a minha resposta àquela situação. Em casos piores, as pessoas dizem coisas agradáveis sobre o projeto, quando na verdade pensam o oposto, e essas armadilhas às vezes nos tomam um pouco de tempo para descobrir e muito trabalho para resolver. Esses são os sabotadores de projetos, que precisam ser identificados e isolados o quanto antes, mas confesso que não é uma tarefa tão fácil.

A gestão dos *stakeholders* 145

Uma vez compreendida a solicitação, é preciso tentar, dentro do possível, atender ao pedido. Se for possível, ótimo; se não for, é preciso prestar contas e explicar o porquê de o pedido não ser aceito, total ou parcialmente. Se você quer ter o engajamento dos seus *stakeholders*, identifique-os e envolva-os o mais rapidamente possível. A gestão eficiente dos *stakeholders* de um projeto é a chave para seu sucesso.

10.3. Nunca tente vencer pela força

Sabe por que inúmeras vagas de emprego para o cargo de gerente de projetos exigem experiência mínima de dez anos? Simplesmente porque existem coisas que só se aprendem com a prática. Não tem outra saída. Ler sobre algo é uma coisa, sentir na pele é outra. Você pode ler sobre a sensação de levar uma chicotada, mas nunca saberá realmente como é tal dor se não levar algumas. Essas são as marcas da experiência, que foram adquiridas com sofrimento e que, se servem de consolo, nos tornam profissionais sábios e preparados. Uma dessas fortes cicatrizes que carrego me ensinou a jamais vencer pela força. O preço a ser pago pode ser enorme.

Uma característica muito marcante na cultura sueca é a busca pelo consenso. Se pensarmos especificamente em projetos, isso se traduz na busca pelo consenso dos principais *stakeholders*. Talvez os suecos, assim como eu, acreditem que, se um consenso não for encontrado, a pessoa preterida mais cedo ou mais tarde criará problemas para o projeto. Já vi casos onde um projeto ficou congelado por semanas até que os membros estivessem de acordo sobre como prosseguir. Isso invariavelmente cria certo atraso no curto prazo, mas a ideia de proceder dessa maneira é que no longo prazo o consenso gerará maiores benefícios do que eventuais atrasos iniciais.

Situações impostas sempre cobrarão um alto preço e você precisa estar preparado para pagar se optar por esse caminho. Não imponha decisões goela abaixo de seus *stakeholders*, salvo em situações extremas. Pessoas podem até "aceitar" algo imposto, mas elas cobrarão a conta na primeira oportunidade – e talvez nem no projeto atual, mas em um projeto futuro. Conserve suas relações ao máximo, mesmo que isso demande mais tempo no início. Você verá que ao longo do projeto esses relacionamentos bem construídos e harmoniosos vão compensar eventuais esforços despendidos.

Os negócios estão cada vez mais extremos, com pressão por resultados crescentes. Os executivos perderam sua capacidade de ação e ficam no modo "reação" todo o tempo. Esquecem a história, ficam presos em um eterno presente pensando nos resultados do próximo trimestre e não conseguem construir ações visando o futuro. Isso tudo se reflete da mesma maneira nos projetos. É urgente que você desenvolva a capacidade de olhar as coisas de cima,

146 Manual de Sobrevivência para Gerentes de Projetos

e não apenas de dentro. Essa mudança de perspectiva será fundamental para o seu sucesso e o dos seus projetos.

Alguns gerentes de projetos se concentram em torno das entregas do projeto e assim acreditam que, uma vez entregues, o trabalho está feito. De fato, a entrega do projeto precisa ser devidamente feita e aceita, mas entre ser aprovada formalmente por um grupo restrito e ser devidamente aceita por uma grande parte dos *stakeholders* é outra história. Cansei de ver projetos cuja solução, apesar de aceita e aprovada pelo cliente, já havia sido amplamente recusada pela maioria dos *stakeholders*. Parece uma frase estranha, mas é isso mesmo. Por problemas de governança, política ou desequilíbrio de poder, algumas soluções infelizmente agradam a um grupo restrito de pessoas, mas deixam de atender a um grupo muito maior.

Certa vez acompanhei o drama de um colega gerente de projetos que, apesar de fazer um excelente trabalho de análise de soluções possíveis, acabou tendo a sua recomendação ignorada. Uma solução mais barata acabou sendo aprovada, mesmo depois de todos os pareceres técnicos apontarem o contrário. Todas as áreas impactadas, bem como seus usuários, foram forçados a adotar a solução. Em tese, o método foi seguido, aprovado na correta instância, mas não era unanimidade – na verdade, estava longe disso. O desfecho dessa história é óbvio: a solução, apesar da pressão da alta administração, acabou gerando inúmeros problemas nas operações e foi abandonada poucos meses depois da sua implantação.

Não estou dizendo que sempre haverá consenso, mas você precisa saber que um mínimo de concordância precisa ser atingido, caso contrário o projeto irá falhar. Mesmo quando não se consegue uma aceitação completa, o gerente de projetos precisa usar de toda a sua habilidade de negociação para achar algo que seja minimamente aceitável para todos. Eventualmente, o fato de ter parte de suas solicitações aceitas já é o suficiente para que determinado *stakeholder* aceite o resto da solução com a qual ele não estava de acordo.

Cuidado também para não se concentrar demasiadamente na solução e, para conseguir concluir o projeto ou fazê-lo avançar, recorrer a imposições a vários *stakeholders* do projeto. Não é apenas sobre aonde se quer chegar, mas também como o caminho será percorrido. Já discuti isso quando falei de gestão de equipes: esse uso excessivo da força pode ter consequências graves quando lidamos com todos os diferentes grupos de *stakeholders*. Um membro do seu comitê, um gerente de área provedora de recursos, os usuários de uma solução, etc. são apenas alguns exemplos de pessoas que precisam ser envolvidas e que, quando não concordam com seus métodos de trabalho ou com alguma outra característica, podem igualmente impor graves consequências.

Essa situação pode ser especialmente agravada quando *stakeholders* se organizam e fecham posição antagônica a outros grupos de *stakeholders*. Essa talvez seja uma das mais complicadas situações a gerir quando se trata do tema gestão de *stakeholders* – e uma solução altamente desaconselhável é tomar partido de um ou outro grupo. Essa decisão pode custar muito caro durante o projeto, e mesmo no futuro. Por outro lado, não fazer nada também não é uma opção. Então o que fazer?

A primeira coisa é tentar se proteger ao máximo e deixar essas grandes decisões para o comitê decisório, o *sponsor* ou algo equivalente. Mesmo nesse processo, é importante se comunicar bem com todos os grupos e mostrar que suas solicitações foram consideradas. No caso de não serem aceitas, mostrar o porquê. Em seguida, tente construir consenso com base na decisão tomada. Alguns vão esbravejar, e nesse momento também é importante deixar claro que essas decisões não cabem ao gerente de projetos, além de tentar estabelecer uma ligação entre esses *stakeholders* e o grupo decisório. Eu mesmo já vivi inúmeras situações como essas e em vários casos acreditava que o grupo "perdedor" tinha a razão. Porém, uma vez que a decisão foi tomada, cabia a mim aceitá-la e seguir em frente – e, principalmente, tentar minimizar seu impacto.

10.4. Pessoas precisam de tempo para mudar

Pessoas, em geral, não gostam de mudar. Mudança sempre traz medo, insegurança, desconforto, ansiedade. O problema é que projetos lidam essencialmente com mudança. Normalmente projetos interferem na realidade para promover alterações nela.

Esse é um aspecto muito importante na gestão dos *stakeholders* que pode comprometer um projeto. Se essa transição do antigo para o novo não for bem gerida, o projeto pode fracassar. Apesar disso, me impressiona como o processo de mudança organizacional é negligenciado por inúmeros gerentes de projetos.

Certa vez liderei um projeto onde precisávamos ter vários recursos globais disponíveis durante o período de férias na parada da fábrica, o que nos permitiria efetuar as mudanças. Com cerca de sete meses de antecedência da implantação do projeto, eu consegui confirmar a disponibilidade dos recursos de que precisaria. Tudo correu tranquilamente, e as pessoas requisitadas tiveram bastante tempo para se organizar com relação às suas atividades rotineiras do trabalho e pessoais. Porém, para a parte do escopo que não era de minha responsabilidade, o mesmo não ocorreu. A confirmação dos recursos ocorreu apenas dois meses antes da implantação, o que gerou um grande problema para as pessoas envolvidas e, automaticamente, resistência. Essas pessoas estavam de acordo com o projeto e, além disso, estavam acostumadas a fazer implantações durante as férias. Elas não estavam acostumadas era com operações confirmadas apenas dois meses antes de um *go-live*, frustrando sua família, perdendo reservas em hotéis, entre tantos outros problemas.

148 Manual de Sobrevivência para Gerentes de Projetos

Impor ações, avisar no último momento ou mesmo nem avisar, não prover informações adequadas sobre a mudança e não prover treinamentos adequados são apenas alguns exemplos de erros comuns de gestão da mudança que podem ser catastróficos, chegando a ponto de inviabilizar o projeto, o que, sinceramente, é lamentável. E veja que estamos falando apenas do aspecto da mudança, mesmo quando o projeto foi amplamente aceito.

Outro erro igualmente lamentável é não ter a consciência de que projetos são, em sua maioria, incômodos para a organização, mesmo quando os resultados são extremamente positivos e aguardados. Nesse sentido, o gerente de projetos deve ter a sensibilidade de tentar compensar, ou pelo menos amenizar, esse impacto. Todos gostam de ter dentes perfeitos, mas ninguém gosta de ir ao dentista.

Se, por exemplo, em vez de dizer "preciso de você em tempo integral a partir da semana que vem", o gerente de projetos dissesse "preciso de você a partir da semana que vem, mas não sei se isso é viável, então gostaria de discutir com você para acharmos uma solução em conjunto", as pessoas se sentiriam mais valorizadas, confortáveis e menos preocupadas. Eu diria que o grande desafio está em lidar com dois grandes aspectos quando tratamos do impacto da mudança nas pessoas: o primeiro é o medo do que é novo e desconhecido e todos os seus sentimentos consequentes, como insegurança, ansiedade, entre outros. O segundo é o descontentamento puro e simples.

O medo da mudança é um sentimento normal e esperado, mas que, se não for bem gerido, pode resultar em resistência, frustração ou coisa pior. O descontentamento é menos grave, mas também gera dificuldades para o projeto. Para lidar com esses fatores, o foco deveria ser fornecer uma visão detalhada do futuro e o caminho que será percorrido até lá.

Ter a visão do novo estado das coisas pós-projeto minimiza muito o medo, a insegurança, a tensão e a ansiedade das pessoas envolvidas. Esse medo do desconhecido só começará a ser reduzido quando as pessoas entenderem para onde elas estão indo, processo este que deve ser detalhado o mais cedo possível. Eu enfatizei a palavra detalhado, visto que muitos gerentes de projetos acreditam que o fato de dizer "teremos um novo modelo organizacional que será mais eficiente, simples e orientado ao cliente" irá ajudar a reduzir as tensões ligadas à mudança, quando na verdade pode ter o efeito contrário. Uma frase como essa pode soar na cabeça das pessoas como "estão reestruturando a empresa e seremos demitidos".

Por outro lado, um texto do tipo: "após um estudo detalhado que contou com ampla participação de gestores, funcionários e sindicato, chegamos a um consenso sobre um novo modelo de reestruturação da área de vendas, que será mais orientado ao cliente e eficiente, através da simplificação das estruturas e dos processos existentes. Esperamos que, com o novo modelo, as pessoas consigam desempenhar suas atividades com menos burocracia e mais autonomia, o que trará grandes benefícios para funcionários e clientes. Em função do cres-

A gestão dos *stakeholders* 149

cente aumento de vendas, não só a supressão de pessoas está descartada, como eventualmente teremos que contratar novos funcionários. Cabe dizer também que um grupo de funcionários representando o departamento de vendas está altamente envolvido em todo o projeto e eles podem ser consultados a qualquer momento no caso de dúvidas. Para finalizar, destacamos que esse projeto de reestruturação se resume à área de vendas e nenhum outro projeto de reestruturação está previsto no momento".

Antes de continuar eu queria perguntar uma coisa. Você acha que esse texto resolve por completo o problema do medo da mudança? Claro que não, mas pelo menos vai na direção correta, contribuindo para tranquilizar as pessoas, e não para deixá-las ainda mais nervosas. Além disso, ele diminui a boataria e a especulação. Você só conseguirá gerir bem a mudança através de ações coordenadas envolvendo várias pessoas, muita comunicação e transparência, e desde o início. Eu sei que, por outro lado, nem sempre temos todas as informações desde o início. Neste caso, apenas informe que determinado grupo está fazendo uma investigação cujos resultados serão comunicados assim que concluídos os trabalhos.

Nunca conseguiremos eliminar por completo o medo da mudança e suas consequências, mas, atuando de maneira profissional e coordenada, com ações bem pensadas tanto no seu conteúdo quanto na sua forma, o impacto será amplamente minimizado. Fazendo isso, conseguiremos transformar uma situação com potencial enorme de gerar uma catástrofe em algo relativamente tranquilo, onde todos estão cientes e acompanhando o processo. Para esse acompanhamento, é fundamental o uso de comunicação diversificada, periódica e precisa, mas também o envolvimento das pessoas impactadas, como mencionei, através de um grupo de representantes dos funcionários e do sindicato, quando a situação exigir.

Um ponto importante a enfatizar: preste atenção não só na mensagem, mas na origem da mensagem. A reputação de quem emite a mensagem é tão ou mais importante do que a própria mensagem em si. Uma administração confiável, que é conhecida por ser transparente e não por esconder informações, tende a ter muito mais credibilidade do que aquelas cujo histórico mostrou seguidos comportamentos nos quais informações foram escondidas ou distorcidas.

Como gerente de projetos, você deveria sempre se pautar por fornecer informações claras, precisas e confiáveis. Eu vivi inúmeras situações nas quais várias pessoas preocupadas com algum projeto (gerido por mim ou não) vinham me pedir ou confirmar informações, uma vez que acreditavam no que eu dizia, e assim se sentiam mais seguras. O problema é que sempre geri grandes projetos, muitos estratégicos e sigilosos, e sobre eles as pessoas também me pediam informações, e nem sempre eu podia fornecê-las. Em tais casos, eu respondia de maneira clara e honesta que eram informações sigilosas que eu não podia revelar, mas que, assim que fosse autorizado, o faria. Ser verdadeiro e honesto não é fácil, mas os frutos sempre aparecem. Pelo menos é no que eu acredito.

11

O desafio da comunicação

11.1. Comunicação é simplesmente fundamental

Você pode começar um projeto sem orçamento, sem planejamento, sem ter preparado a gestão de riscos ou qualidade, mas você não consegue começar um projeto sem comunicação. Pense em algo bem elementar no início de um projeto: você foi chamado e um escopo foi atribuído. Se você não fizer nada por três dias, então durante três dias nada acontecerá. Normalmente você terá alguns nomes em sua cabeça para compor sua equipe de base, e uma das primeiras ações será contatá-los para agendar uma primeira reunião, ou seja, comunicação. A comunicação é o que mantém as coisas em movimento. Sem ela, não existe projeto.

Há certa unanimidade no campo do gerenciamento de projetos sobre a comunicação ser a tarefa principal do gerente de projetos. Minha opinião é que isso já era verdade no passado, mas aumentou hoje em dia por inúmeros fatores. As empresas estão cada vez mais integradas e atuando com inúmeras parcerias, o que sempre torna a comunicação mais complexa. A internet quebrou várias barreiras e viabilizou o trabalho com times espalhados em vários países. Um dos meus projetos teve mais de 250 pessoas envolvidas de pelo menos seis países, de diversas culturas e em quatro fusos horários bem distintos, por mais de dois anos. Dentro de contextos como esses, a comunicação se tornou elemento-chave para o sucesso dos projetos.

Um agravante é que projetos são estruturas temporárias e, portanto, não desfrutam dos inúmeros mecanismos estabelecidos de que uma área dispõe normalmente para obter as informações necessárias ao seu funcionamento, sejam estes mecanismos formais ou informais. O desafio para manter todos informados de maneira adequada e atualizada é muito maior para um projeto do que para uma área de negócios, o que cria um desafio adicional para o gerente de projetos.

O desafio da comunicação 151

Quando se trata de comunicação, um projeto deveria consolidar e disseminar a todos as informações necessárias ao seu bom funcionamento de maneira eficiente e respeitando as necessidades individuais de seus participantes. A palavra aqui é eficiência, já que temos sempre desafios enormes com restrições de tempo e dinheiro. Então precisamos ser efetivos na comunicação, sem perder de vista a qualidade.

Para conseguir essa eficiência, o gerente de projetos tem que ser rápido e preciso desde o início do projeto. Eu recomendo que você se concentre desde o início do projeto, ainda na fase de identificação dos *stakeholders*, em entender não só quem são eles, mas que tipo de informação eles precisam e com qual frequência e formato. Sem esse conhecimento prévio, você arrisca enviar informações que não estão alinhadas com as expectativas dos clientes dessa informação. De nada ajuda enviar um e-mail analítico para um diretor se este prefere uma atualização pessoal de dez minutos uma vez por semana. Da mesma forma, de nada adiantam dados consolidados da situação do projeto para um técnico que precisa de informações mais detalhadas e específicas. Então seja metódico e defina o mais rapidamente possível todos os *stakeholders* e como você irá se comunicar com eles. Normalmente você conseguirá agrupar os *stakeholders* com necessidades similares de informação, mas não ignore necessidades de uma comunicação personalizada para algumas pessoas e, em especial, para os *stakeholders* mais influentes.

Um erro recorrente em gerenciamento de projetos, e eu diria até básico, são os gerentes de projetos tratarem todos os *stakeholders* de maneira mais ou menos padronizada quando se trata de comunicação, o que pode gerar muita frustração e problemas. Se, por um lado, o gerente de projetos entende que está se comunicando bem, por outro, a sensação pode ser de que a comunicação é mínima ou insuficiente, na visão de vários clientes dessa informação. O agrupamento dos *stakeholders* propicia eficiência na comunicação, mas pode comprometer sua personalização. Por isso, não deixe de identificar e respeitar as necessidades individuais.

Deixe-me mostrar até que ponto esse problema de comunicação pode ser grave. Este caso ocorreu com um projeto de TI de um colega gerente de projetos bastante experiente (ele é um gerente sênior com mais de 25 anos de experiência). Além do desenvolvimento do seu projeto ter sido bastante exigente, o momento do *go-live* foi ainda mais crítico. Este teve que ser feito em poucas horas e sem nenhum espaço para falhas; caso contrário, várias revendas iriam iniciar a semana sem acesso aos seus sistemas e, por conseguinte, com suas operações paralisadas.

Algum tempo depois do projeto concluído, fiquei sabendo que o cliente não estava muito contente com meu colega. De imediato, me lembrei do projeto e já imaginei que algo devia ter dado errado, dada sua criticidade, o que seria até esperado em projetos altamente complexos sem margem para falhas. Contudo, para minha surpresa, não foi nada disso. Quando tive a oportunidade e abordei o assunto, ele me confirmou que realmente o cliente não estava muito

152 Manual de Sobrevivência para Gerentes de Projetos

contente, mas que o projeto tinha corrido de maneira perfeita. O *go-live* tinha sido planejado com uma granularidade no nível de minutos – e, às oito horas da manhã de uma segunda-feira, todas as revendas envolvidas estavam operando sem nenhum problema. Intrigado com o caso, a única conclusão a que consegui chegar foi que tudo havia ocorrido de maneira impecável, salvo no aspecto da comunicação.

Agora imagine que seu filho adolescente já voltou das festas do sábado à noite, respondeu a todas as suas regras, não bebeu, não se atrasou e já se encontra em total segurança conversando com os amigos na portaria do seu prédio. Seguro ou não, ele vai levar uma boa bronca quando entrar em casa e ver seu pai furioso esperando no sofá, mesmo que ele tenha cumprido todo o planejamento combinado. Afinal de contas, ele fez tudo certo, mas esqueceu de se comunicar.

Com o cliente é algo parecido. O projeto que citei era difícil, estava sob controle, mas existe uma diferença enorme entre estar sob controle e você saber que ele está sob controle. Assim como no caso do adolescente despreocupado, meu colega fez tudo de maneira impecável, mas o cliente não tinha sido envolvido e informado de maneira satisfatória. É um pouco da máxima que "não basta ser, é preciso também parecer". No caso de projetos, eu adaptaria para "não basta ser, tem que comunicar que é".

A comunicação acontece a todo o momento do projeto. É através dela que atividades serão planejadas, decisões tomadas, crises controladas, recursos reservados. É da comunicação que todo projeto depende para avançar. Se ela não é feita de maneira apropriada, os efeitos negativos se farão sentir em todo o projeto. O gerente de projetos precisa estar extremamente alerta e dedicar a maior parte do seu tempo à comunicação. Através dela, o projeto conseguirá atingir um bom nível de eficiência. Seja tratando com um diretor sobre grandes ações ou envolvendo um usuário final, o gerente de projetos é o grande articulador e precisa conduzir essa tarefa de maneira séria e competente.

11.2. Esteja atento à forma e ao conteúdo da sua comunicação

Outro aspecto importante é o conteúdo e a forma da comunicação. Podemos dizer que comunicação é algo muito importante para o projeto. Vários autores têm discutido o tema de maneira recorrente e várias obras literárias abordam essa questão. Esses estudos mostram informações muito interessantes que nos ajudam a compreender a criticidade do tema. Sem dúvida, o assunto ainda irá evoluir muito. Vários ditadores na história foram bastante conhecidos pela sua capacidade de comunicação, o que lhes permitiu várias conquistas.

O desafio da comunicação 153

Não sei se você percebeu, mas o parágrafo anterior foi uma pegadinha para mostrar o que é uma informação inútil e sem objetividade, ou seja, o oposto de como devemos nos comunicar. Ele fica no subjetivismo, é desconexo, além de trazer informações irrelevantes. Exagerado com certeza, mas em certa proporção é o que encontramos em grande parte da comunicação em projetos. Você precisa ser preciso na comunicação e para isso o seu conteúdo precisa ser muito bem pensado.

Veja esses dois exemplos. Imagine que você é um diretor de uma fábrica e o gerente do projeto precisa de sua atenção para um problema urgente no projeto. Ele envia um e-mail dizendo:

> "Caro diretor. Chegou ao meu conhecimento que a empresa parceira que fornece os recursos para uma parte importante do projeto rompeu o contrato conosco, e dessa forma não teremos todas as pessoas necessárias para a continuação do projeto, que já se encontrava em atraso. Esse é mais um problema que adicionamos a inúmeros outros que já tínhamos vivido recentemente, o que dificulta muito o andamento do projeto. Sem dúvida, esse fato novo nos trará ainda mais dificuldades para o projeto, tão importante para a organização, que nos obriga a encontrar uma solução rápida para mais este problema. Obrigado pela sua atenção, gerente do projeto".

Que tamanha perda de tempo! O máximo que este e-mail conseguiu fazer foi dizer: "ei, temos um problema" e ainda gastou um texto enorme para fazê-lo. Parece mais um desabafo que outra coisa. Frases sem qualquer necessidade e nenhuma informação precisa, além de deixar uma pergunta no ar: "qual é o objetivo do e-mail"? Falar do problema, mas nada de uma possível solução, além de não pedir nenhuma ação do diretor em questão! Apenas serviria para demostrar por escrito a inexperiência e o despreparo do gerente de projetos.

Afinal, o que você quer comunicar? Antes de se comunicar é preciso pensar por que algo será comunicado, o que será comunicado e como será comunicado. O conteúdo do que você irá comunicar precisa ser objetivo e suprir as necessidades do público-alvo da informação. Se você não conseguir isso, então talvez não precise se comunicar. Dependendo do perfil do seu interlocutor, um e-mail desses pode realmente deixá-lo irritado. Para algumas pessoas uma frase pode ser suficiente, enquanto para outras uma história completa é importante. Isso vai variar muito de cultura para a cultura e de pessoa pra pessoa, e o gerente de projetos precisa se adaptar.

Certa vez recebi um e-mail de uma aluna de um curso de gestão de projetos que ia viajar e gostaria de saber sua nota antes de partir. Consultei sua nota e respondi o e-mail. No retorno às aulas a aluna me indagou se eu não tinha gostado dela ter me pedido a nota por e-mail, já que realmente alguns professores não gostam (não era o meu caso). Quando disse que não,

154 Manual de Sobrevivência para Gerentes de Projetos

ela me perguntou por que respondi o e-mail de maneira, vamos dizer, "pouco cordial". Ainda sem entender, eu perguntei o que a fazia pensar tal coisa, já que eu só tinha colocado a nota e mais nada. Aí eu entendi o problema. Na cultura brasileira é um pouco rude não fazer um preâmbulo e um fechamento nos textos/e-mails. Em vez de ter respondido apenas com a nota, imagino que ela esperava algo do tipo: "cara aluna, verifiquei sua nota conforme você pediu e a sua nota para o bimestre é x. Tenha uma boa viagem e até o reinício das aulas". Eu até poderia tê-lo feito, mas quando se tem mais de trezentos alunos por semestre, responder e-mails longos não é um luxo a que eu me permitia.

Voltando ao campo profissional, uma das melhores *chair persons* que tive em minha carreira possuía um perfil extremamente objetivo. A comunicação com ela era rápida e eficaz. Seus e-mails, em 90% dos casos, tinham não mais que duas linhas e de maneira geral ela dizia: "se tiver problema ou precisar de ajuda me avise, caso contrário entendo que está tudo bem". Realmente me dei muito bem com seu perfil, que se alinhava à minha maneira de trabalhar e comunicar, mas é claro que poderia ter sido problemático para alguns gerentes de projetos que têm dificuldades com pessoas assim.

Um exemplo de como o gerente de projetos precisa ajustar a sua comunicação aconteceu comigo após minha transferência de país. Meu projeto anterior no Brasil era muito grande e complexo, e mesmo assim minhas reuniões de acompanhamento duravam no máximo trinta minutos. Quando cheguei à França, fiquei responsável por um projeto de tamanho e complexidade aproximados e planejei as reuniões de acompanhamento durando igualmente trinta minutos. A primeira foi realmente uma catástrofe, já que nada do que eu pretendia abordar na reunião deu tempo de ser abordado. Os membros do comitê ficaram parados em um *slide* por mais de vinte minutos. Bem, lição aprendida, e a duração da próxima reunião foi aumentada para uma hora, o que para mim era muito, por se tratar de apenas acompanhamento. A reunião foi melhor, mas ainda não consegui cobrir tudo o que havia previsto. Tentei ainda impor um ritmo mais forte, mas fui derrotado pela cultura e terminei por ter reuniões de duas horas. O que quero dizer com tudo isso é: defina sempre que mensagem você quer passar ou obter, mas não se esqueça da forma. Cada *stakeholder* terá suas preferências.

Voltando ao e-mail enviado ao diretor, veja esta sugestão:

> "Caro diretor. Em função do rompimento inesperado do contrato do nosso principal fornecedor de recursos para o projeto, quatro pessoas-chave deixarão o projeto a partir de 15 de setembro. Estamos avaliando a possibilidade de ter uma nova empresa substituta em breve, mas, como tal medida pode demorar, estamos verificando alternativas de curto prazo como a contratação temporária de recursos em regime de urgência. Para a reunião desta semana eu apresentarei todos os elementos e alternativas disponíveis para que o comitê do projeto possa tomar uma decisão de como deveremos avançar. Gerente do projeto".

Parece melhor? Talvez, já que detalha melhor o problema, informa prazos, antecipa o que deverá ser decidido e define os próximos passos. Mas será que esse diretor lê e-mails? Eu particularmente não mando e-mails em caso de problemas graves. Eu ligo ou vou até a sala da pessoa e discuto o assunto com os elementos que reuni. Mas isso depende muito do contexto em questão; sendo assim, a mensagem aqui é não achar que soluções padrão irão resolver o seu problema. Recorra a todas as opções necessárias para se comunicar da melhor e mais personalizada forma possível, transmitindo o conteúdo adequado.

Esteja extremamente atento às questões de conteúdo, mas também às questões de forma. Trabalhe com mensagens claras, objetivas e, na medida do possível, personalizadas. Utilize todos os recursos de comunicação disponíveis de acordo com o contexto em questão e você conseguirá manter um bom nível de comunicação em seu projeto. Aborde as pessoas de maneira personalizada e leve em conta sempre sua importância para o projeto, considerando qual conteúdo você precisa discutir, e faça isso sempre com o histórico da pessoa em mente, sua cultura e seu perfil.

Recentemente soube de um caso hilário (mas verdadeiro) que exemplifica o que acabei de falar. Um gerente de projetos foi alocado de última hora em um projeto e em apenas dois dias reuniu todas as informações que podia sobre o projeto e definiu um planejamento que iria apresentar na sequência para a equipe do projeto, que aconteceria em outro país. Tudo ocorreu conforme o plano e depois de dois dias de preparação o gerente de projetos voou para o país onde o projeto iria ocorrer. Ele reuniu uma equipe enorme local que acabara de conhecer e durante uma hora e meia falou sobre o projeto, os desafios, os planos e tudo mais. Quando encerrou, abriu para perguntas e a primeira foi: "o senhor poderia repetir essa apresentação em espanhol, já que, infelizmente, com exceção de quatro ou cinco pessoas, ninguém fala inglês?".

11.3. Comunique visando a ação

Projetos são agrupamentos de ações para entregar algo. Sendo assim, é esperado que boa parte da comunicação seja dedicada às ações. Comunicar o que deve ser feito à pessoa correta e monitorar os trabalhos é uma das atividades mais importantes em um projeto. Se as pessoas não souberem o que devem fazer, e o gerente de projetos não conseguir monitorar a evolução do trabalho, então o que temos é alguma coisa que não é um projeto, ou pelo menos não um projeto como deveria ser.

Monitore como você quiser, usando as ferramentas que preferir, mas deixe claro a todos o que precisa ser feito, quando e por quem. Com esse documento pronto e publicado, o problema está resolvido. Bem, isso é o que uma grande parte dos gerentes de projetos pensa, mas

156 Manual de Sobrevivência para Gerentes de Projetos

não é verdade. Trata-se de um bom início, mas não é o suficiente para que as pessoas tenham claras suas atividades. Depois desse documento construído com a participação das pessoas que vão executar o projeto, faça reuniões com todos os envolvidos para confirmar o entendimento, identificar pontos de sobreposição, fazer ajustes e identificar áreas com sinergia. Daí o processo estará completo. Bem, na verdade ainda não. Na sequência você precisa fazer reuniões individuais com os membros do projeto e se certificar de que eles entenderam, aprovaram e estão confortáveis com suas atividades no projeto. A seguir, acompanhe semanalmente sua evolução e faça os ajustes necessários periodicamente – daí, sim, você terá uma boa base para definição e acompanhamento das ações.

Para reforçar o que quero dizer com "atividades", desculpe falar do básico, mas não deixe de definir o que, quem e quando. Eu fico impressionado com quantos planos eu vejo que ou não atribuíram o responsável, ou a data da entrega, ou os dois. Eu sei, eu sei, é bem básico, mas acontece. Absolutamente todas as atividades do seu projeto precisam ter responsáveis e data de entrega, e aí é que a coisa complica. O fato de colocar uma data não resolve o problema. Já participei de várias reuniões nas quais o gerente de projetos perguntava sobre determinada tarefa que tinha que ter sido concluída na semana anterior e obtinha a resposta: "ainda não a concluímos, mas estamos avançando" e a reunião continuava – simplesmente inaceitável!

Se você quiser ver seu projeto naufragar, continue acompanhando-o desse modo. Não estou julgando o mérito, porque talvez existissem boas razões para a não conclusão da tarefa, mas você precisa entender imediatamente o porquê do atraso, qual o impacto, qual é a nova data proposta, qual a garantia de que dessa vez o prazo será cumprido. Imagine por um momento que essa tarefa iria atrasar o projeto em duas semanas. Simplesmente seu projeto acaba de atrasar duas semanas; simples assim. A comunicação precisa ser orientada às ações. Não perca tempo com relatórios indecifráveis ou tabelas complexas que você nem sabe por onde começar. Use uma comunicação simples, mas que mostre bem o que precisa ser feito.

Participei de um projeto no qual o gerente de projetos atualizava periodicamente uma planilha eletrônica indecifrável para mostrar avanço do projeto. Algo que poderia ser sintetizado em um texto simples se transformava em uma tarefa impossível de compreender. Outra vez encontrei um colega que me perguntou se eu havia tomado uma atitude sobre um problema do projeto. Eu disse que não estava ciente e ele me disse que um e-mail tinha sido enviado para mim. Como não me lembrava, procurei e procurei até que achei: era um e-mail no qual eu estava em cópia (ou seja, sem ação esperada, mas apenas para conhecimento). Ao final de um longo texto realmente encontrei o meu nome.

Se for com o intuito de fazer reuniões de acompanhamento sem ação, então não as faça, dado que seria uma tremenda perda de tempo e dinheiro. Se for para enviar e-mails extensos e colocar ações ao longo dele e depois ficar cobrando as pessoas, que em vários casos nem viram seus nomes serem citados, não mande o e-mail. Se for para criar relatórios que mais

O desafio da comunicação 157

confundem que elucidam, então não os crie. Comunique-se sempre pensando na ação, de maneira clara e objetiva.

Vamos ser francos. Ninguém gosta de reuniões longas e improdutivas, com muito blábláblá e pouca decisão. Pense na sua empresa e em quantas dessas reuniões você não é obrigado a participar. O que acha de ficar sentado por uma hora sem que o assunto o interesse ou que seja de grande utilidade? Se você se sente frustrado, por que iria impor essa mesma frustração à sua equipe de projeto? Com as reuniões eu sou muito claro: eu não faço reuniões, exceto se vejo um interesse nelas. Reunir-se apenas para se reunir é contraprodutivo.

Pense sempre nas ações do projeto e alinhe toda sua comunicação a elas. Se um e-mail simples resolve o problema, então faça. Se sente que uma reunião é necessária, então convoque as pessoas certas pelo menor tempo possível. Se existem divergências, resolva-as antes com as pessoas envolvidas. Nas reuniões foque na agenda e não perca tempo. Se alguém quiser "sequestrar" a reunião, pegue as rédeas e diga que tal assunto será discutido em outro momento. Se alguém não fez algo, exija uma resposta ao não cumprimento e avise que você espera ser informado de atrasos antes que eles aconteçam, e já com um plano de ação.

As pessoas estão cansadas da burocracia organizacional e gostam quando têm autonomia – e então percebem que a gestão do projeto não as atrapalha, as ajuda. Gostam quando recebem pouca comunicação, mas efetiva. Gostam de reuniões curtas, mas objetivas. Gostam quando o gerente de projetos não só diz, mas está sempre disponível para ajudar. A comunicação é a chave para tudo isso. Use-a com sabedoria.

Gráfica Reproset. Maio de 2016.